北京一零一中生态智慧教育丛书——课堂教学系列

丛书主编　陆云泉　熊永昌

北京一零一中

高中写作
教学理论与实践研究

GAOZHONG XIEZUO
JIAOXUE LILUN YU SHIJIAN YANJIU

张新村　著

北京理工大学出版社
BEIJING INSTITUTE OF TECHNOLOGY PRESS

内容简介

本书由理论研究和教学实践两部分组成。

理论研究部分精选作者发表于各期刊上的12篇论文，这些论文均是作者多年的教学实践结晶。所选论文基于作者多年来对写作学、心理学、叙事学、逻辑学等理论的研究，结合教学实践精心提炼总结，既有理论深度，又有创新性特点。

教学实践部分精选12个专题，重点指导学生如何写出文质兼美的文章，强化训练学生的思维与逻辑、语言与思想。这12个专题各有侧重点，又共同组成一个写作序列，具有示范性。

版权专有　侵权必究

图书在版编目（CIP）数据

高中写作教学理论与实践研究／张新村著．－－北京：北京理工大学出版社，2024.1
ISBN 978－7－5763－3532－3

Ⅰ.①高⋯　Ⅱ.①张⋯　Ⅲ.①作文课-教学研究-高中　Ⅳ.①G633.342

中国国家版本馆 CIP 数据核字（2024）第 042104 号

责任编辑：	封　雪	文案编辑：	毛慧佳
责任校对：	周瑞红	责任印制：	李志强

出版发行　／　北京理工大学出版社有限责任公司
社　　址　／　北京市丰台区四合庄路6号
邮　　编　／　100070
电　　话　／　（010）68944439（学术售后服务热线）
网　　址　／　http：//www.bitpress.com.cn
版 印 次　／　2024年1月第1版第1次印刷
印　　刷　／　三河市华骏印务包装有限公司
开　　本　／　710 mm×1000 mm　1/16
印　　张　／　9.25
字　　数　／　130千字
定　　价　／　49.00元

图书出现印装质量问题，请拨打售后服务热线，负责调换

丛书序

教育事关国计民生，是国之大计，党之大计。

北京一零一中是北京基础教育名校，备受社会的关注和青睐。自1946年建校以来，取得了丰硕的办学业绩，学校始终以培养"卓越担当人才"为己任，在党的"教育必须为社会主义现代化建设服务，为人民服务，必须与生产劳动和社会实践相结合，培养德智体美劳全面发展的社会主义建设者和接班人"的教育方针指引下，立德树人，踔厉奋发，为党和国家培养了一大批卓越担当的优秀人才。

教育事业的发展离不开教育理论的指导。时代是思想之母，实践是理论之源。新时代的教育需要教育理论创新。北京一零一中在传承历史办学思想的基础上，依据时代教育发展的需要，守正出新，走过了自己的"教育理论"扬弃、创新过程。

学校先是借鉴了前苏联教育家苏霍姆林斯基的"自我教育"思想，引导师生在认识自我、要求自我、调控自我、评价自我、发展自我的道路上学习、成长。

进入21世纪以来，随着教育事业的飞速发展，学校在继续践行"自我教育"思想的前提下，开始探索"生态·智慧"课堂，建设"治学态度严谨、教学风格朴实、课堂氛围民主、课堂追求高远"的课堂文化，赋予课堂以"生态""智慧"属性，倡导课堂教学的"生态、生活、生长、生命"观和"情感、思想、和谐、创造"性，课堂教学设计力求情景化、问题化、结构化、主题化、活动化，以实现"涵养学生生命，启迪学生智慧"的课堂教学宗旨。

2017年党的十九大召开，教育事业进入了"新时代"，北京一零一中的教育指导思想由"生态·智慧"课堂发展为"生态·智慧"教育。北京一零一人在思考，在新的历史条件下发展什么样的基础教育，怎样发展中国特色、国际一流的基础教育这个重大课题。北京一零一人在探索中进一步认识到，"生态"意味着绿色、开放、多元、差异、个性与各种关系的融洽，所以"生态教育"的本质即尊重规律、包容差异、发展个性、合和共生；"智慧"意味着点拨、唤醒、激励、启迪，所以"智慧教育"的特点是启智明慧，使人理性求真、至善求美、务实求行，获得机智、明智、理智、德智的成长。

2019年5月，随着北京一零一中教育集团成立，学校办学规模不断扩大，学校进入集团化办学阶段，对"生态·智慧"教育的思考和认识进一步升华为"生态智慧"教育。因为大家认识到，"生态"与"智慧"二者的关系不是互相割裂的，而是相互融通的，"生态智慧"意味着从科学向智慧的跃升。"生态智慧"强调从整体论立场出发，以多元和包容的态度，欣赏并接纳世间一切存在物之间的差异性、多样性和丰富性；把整个宇宙生物圈看成一个相互联系、相互依赖、相互存在、相互作用的一个生态系统，主张人与植物、动物、自然、地球、宇宙之间的整体统一；人与世界中的其他一切存在物之间不再是认识和被认识、改造和被改造、征服和被征服的实践关系，而是平等的对话、沟通、交流、审美的共生关系。"生态智慧"教育是基于生态学和生态观的智慧教育，是依托物联网、云计算、大数据、泛在网络等信息技术所打造的物联化、智能化、泛在化的教育生态智慧系统；实现生态与智慧的深度融合，实现信息技术与教育教学的深度融合，致力于教育环境、教与学、教育教学管理、教育科研、教育服务、教育评价等的生态智慧化。

学校自2019年7月第一届集团教育教学年会以来，将"生态智慧"教育赋予"面向未来"的特质，提出了"面向未来的生态智慧教育"思想。强调教育要"面向未来"培养人,要为党和国家培养"面向未来"的合格建设者和可靠接班人,要教会学生面向未来的生存技能,包括学习与创新技能、数字素养技能和职业生活技能,要将学生培养成拥有创新意识和创新能力的拔尖创新人才。

目前,"面向未来的生态智慧教育"思想已逐步贯穿了办学的各领域、各环节,基本实现了"尊重规律与因材施教的智慧统一""学生自我成长与学校智慧育人的和谐统一""关注学生共性发展与培养拔尖创新人才的科学统一""关注学生学业发展与促进教师职业成长的相长统一"。在"面向未来的生态智慧教育"思想的指导下,北京一零一中教育集团将"中国特色国际一流的基础教育名校"确定为学校的发展目标,将"面向未来的卓越担当的拔尖创新人才"作为学校的学生发展目标,将"面向未来的卓越担当的高素质专业化创新型的生态智慧型教师"明确为教师教育目标。

学校为此完善了教育集团治理的"六大中心"的矩阵式、扁平化的集团治理组织;研究制定了"五育并举"、"三全育人"、"家庭—学校—社会"协同育人、"线上线下—课上课后—校内校外"融合育人、"应试教育—素质教育—英才教育"融合发展的育人体系;构建了"金字塔式"的"生态智慧"教育课程体系;完善了"学院—书院制"的课程内容建设及实施策略建构;在教育集团内部实施"六个一体化"的"生态智慧"管理,各校区在"面向未来的生态智慧教育"思想指引下,传承自身文化,着力打造自身的办学特色,实现各美其美、美美与共。

北京一零一中教育集团着力建设了英才学院、翔宇学院、鸿儒学院和GITD学院(Global Innovation and Talent Development),在学习借鉴生态学与坚持可持续生态发展观的基础上,追求育人方式改革,开展智慧教育、智慧教学、智慧管理、智慧评价、智慧服务等实验,着力打造了智慧教研、智慧科研和智慧学研,尤其借助国家自然科学基金项目《面向大中学智慧衔接的动态学生画像和智能学业规划》和国家社会科学基金项目《基础教育集团化办学中学校内部治理体系和治理能力建设研究》的研究,加快学校的"生态智慧"校园建设,借助2019年和2021年两次的教育集团教育教学年会的召开，加深了全体教职员工对于"面向未来的生态智慧教育"思想的理解、认同、深化和践行。

目前，"面向未来的生态智慧教育"思想已深入人心，成为教育集团教职员工的共识和工作指导纲领。在教育教学管理中，自觉坚持"道法自然，各美其美"的管理理念，坚持尊重个性、尊重自然、尊重生命、尊重成长的生态、生活、生命、生长的"四生"观；在教师队伍建设中，积极践行"启智明慧，破惑证真"的治学施教原则，培养教师求知求识、求真求是、求善求美、求仁求德、求实求行的知性、理性、价值、德性、实践的"智慧"观；在拔尖创新人才培养中，立足"面向未来"，培养师生能够面向未来的信息素养、核心素养、创新素养等"必备素养"和学习与创新、数字与AI运用、职业与生活等"关键能力"。

北京一零一中教育集团注重"生态智慧"校园建设，着力打造面向未来的"生态智慧"教育文化。在"面向未来的生态智慧教育"思想的引领下，各项事业蓬勃发展，育人方式深度创新，国家级新课程新教材实施示范校建设卓有成效；"双减"政策抓铁有痕，在借助"生态智慧"教育手段充分减轻师生过重"负担"的基础上，在提升课堂教学质量、高质量作业设计与管理、供给优质的课后服务等方面，充分提质增效；尊重规律、发展个性、成长思维、厚植品质、和合共生、富有卓越担当意识的"生态智慧"型人才的培养成果显著；面向未来的卓越担当型的高素质专业化创新型的"生态智慧"型教师队伍建设成绩斐然；教育集团各校区各中心的内部治理体系和治理能力建设成绩突出；学校的智慧教学，智慧作业，智慧科研，智慧评价，智慧服务意识、能力、效率空前提高。北京一零一中教育集团在"面向未来的生态智慧教育思想"的引领下正朝着"生态智慧"型学校迈进。

为了更好地总结经验、反思教训、创新发展，我们启动了"面向未来的生态智慧教育"丛书编写。丛书分为理论与实践两大部分，分别由导论、理论、实践、案例、建议五篇章构成，各部分由学校发展中心、教师发展中心、学生发展中心、课程教学中心、国际教育中心、后勤管理中心及教育集团下辖的十二个校区的相关研究理论与实践成果构成。

本套丛书的编写得益于教育集团各个校区、各个学科组、广大干部教师的共同努力，在此对各位教师的辛勤付出深表感谢。希望这套丛书所蕴含的教育教学成果能够对海淀区乃至全国的基础教育有所贡献，实现教育成果资源的共享，为中国基础教育的发展提供有益的借鉴和帮助。

中国教育学会副会长
北京一零一中教育集团总校长
中国科学院大学基础教育研究院院长

序 一

为落实教育"立德树人"的根本任务,北京一零一中持续开展基于核心素养的生态智慧教育的实践研究。生态智慧教育倡导以学生的素养发展和生命成长为目标,最大限度地开发和启迪智慧,让教育焕发出生命的光彩。

生态智慧教育核心是打造生命成长和智慧生成的"生活场";构建指向学生高阶思维发展的"思维场";营造师生情感交流、互动与激荡的"情感场";创设学生健康成长的"生命场"。在生态智慧的教育理念的指导下,我校开展了一系列"教"与"学"方式变革的研究与实践,进一步明确学科生态智慧教育的内涵实质与价值追求,进一步完善了生态智慧课堂的教学模型。

语文学科一直以来秉持"文以载道""以文育人"的传统精神,是立德树人的关键课程。在实践中,教师们有意识地引导学生在生活中的不同场景里唤起自己的情感感知力和想象力,激发他们以主人的样态倾注情感,以多元的、开放的眼光凝望大自然,投向社会,关注生命存在的意义。即将"生态、生活、生长、生命"四维一体的"生态·智慧"课堂理念贯彻到日常的教学中,以期达成"涵养学生生命,启迪学生智慧"的教学宗旨。

本书作者张新村老师是一位资深的语文教师,他是北京市一零一中语文教研组长,高级教师,获评教育部语用司、语言文字报"全国百佳语文教师"，北京市中学骨干教师，北京市中语会理事，海淀区兼职教研员，海淀区语文学科教研基地首席教师。

新村老师扎根三尺讲台40年，到北京一零一中任教18年，多年来担任高三把关教师，带了9届高三毕业生，对北京市语文考试的特点及规律深有研究并精准把握。

不仅如此，新村老师还是一位研究型教师。他担任北京一零一中教育集团的学术委员，主持了多项国家级课题，长期坚持对教育理论的学习，对写作学、心理学、叙事学、逻辑学等都有自己独到的见解，共发表论文40余篇。《高中写作教学理论与实践研究》一书不仅阐述了他对生态智慧教育教法和学法的理论成果，还收录了他结合多年教学实践精心提炼总结出来的教学案例。

本书的第一部分重在理论研究，既体现了理论的深刻性，又具有实践的创新性，如书中提出了高中写作独立设课的实验框架。它是在北京一线教学实验的基础上，从写作文体、写作内容和写作素养3个维度对不同年级的写作课提出的总体课程规划，该框架将写作教学体系化、单元化，为教师开展相关教学尝试提供了一定的参考。第二部分为教学实践，共分12个专题，重点指导学生如何写出文质兼美的文章，强化训练学生的思维与逻辑，语言与思想。这12个专题各有侧重，有机地构成了一个写作教学的序列，其中既有对议论文几种常见命题类型的深度解析，又有对写作中使用的论证方法的逐一分析。其在中学议论文的教学内容上，可谓既有针对性，又有全面的覆盖性。总之，本书具有操作性和示范性的特点。

期待更多老师像新村老师一样成为研究型教师，在教学实践中研究教育教学规律，不断完善理想的生态智慧教育体系！

北京一零一中书记、校长熊永昌

序 二

张新村是一位资深语文教师。他扎根三尺讲台数十年，多年来负责高三毕业班的教学工作，经验丰富，成绩显著。有人对张老师突出的教学成绩产生了好奇，想知道他究竟用了什么秘方或神功。现在，《高中写作教学理论与实践研究》这本书摆在读者面前，不仅可以让语文教师从中受益，也可以解开好奇者的心头之惑。

我读完书稿，第一个感受就是新村老师在写作教学中渗透德育，体现"立德树人"的教育宗旨。他提倡写作要表达真情实感，突出一个"真"字。但是有的学生对"真"的理解是肤浅的，认为"读书是为了找到更优秀的另一半"的观点就体现了写作的"真"，这是对"真"的曲解。针对这种现象，新村老师进行了正确的引导，让学生认识到"真"不等于低俗；"优秀的另一半"是人，不是商品。写作，不仅是语、修、逻、文的技能，也反映了一个人的为人。做人正，方能写作真。追求真、善、美，摈弃假、恶、丑，这就是立德树人，这使写作教学具有了灵魂。

我的第二个感受是，新村老师认为写作要遵循文体规律是非常正确的观点。语文界曾有一种观点——"淡化文体"广为流行，甚至连考试作文也没有了文体要求。新村老师明确提出，对文体不能绕行，要正视它、研究它、掌握它，因为文体与学生思维的关系密切，这与我的写作教学观是一致的。基于此，我们合作撰写了几篇文章发表在《语文》杂志上，并将文章收入本书。这既是我对新村老师的支持，更表达了我们教学理念的一致性。

我的第三点感受是，本书具有突出的实用价值，具有较强的可操作性。新村老师多年负责高三毕业班的教学工作，对北京市语文考试的特点及规律深有研究。在本书中，他对于高考写作类型的梳理就很值得学习。另外，他从逻辑学的角度总结出来的写作教学模式具有一定的创新意义。还有，他对于创意写作也有深入思考，并付诸实践。这些"他山之石"，不仅广大教师看了以后可以借来攻己之玉，高中生看了也能助己成功。

鉴于以上三点感受，我产生了一个疑问，就是"一个优秀教师的示范引领作用应如何体现"。我接触过这样一类教师，他们很优秀，教学成绩显著，但就是不动笔、不总结，无一文利天下。如果对他们提出相关要求，可能还有抵触情绪。对此，我虽然尊重、理解，但深表遗憾。还有一类教师，不仅教学成绩突出，还能够动手写一写，总结自己的实践经验，惠及广大读者。新村老师属于第二类教师。我与新村老师不仅是同乡，还是同事，而且同龄。在北京一零一中，新村老师被评为"最美一零一人"，他身上有很多优秀品质值得我学习。新村老师担任语文教研组组长后，为语文组学科建设做出了突出贡献，赢得了大家的尊重与敬佩。由于工作繁忙，他只能利用节假日抽空写作。他写过很多文章，但不限于写作教学。如果将其发表过的全部文章汇总起来，数量一定很可观。目前，这本关于高中写作教学的专著仅是他教学成果的一部分。我希望将来能看到他更多的成果集结成书，公开发行，惠及他人。我期待着。

是为序。

程　翔

2023 年 6 月 16 日于六心斋

前　言

《高中写作教学理论与实践研究》一书，是作者多年教学实践的结晶，现从以下三方面做简要介绍。

一、基本内容

本书分为理论研究和教学实践两部分。

理论研究部分精选作者发表于《语文教学通讯》《中学语文教学》《教研天地》等期刊的12篇论文，这些论文基于作者多年来对写作学、心理学、叙事学、逻辑学等理论的研究，结合教学实践精心提炼总结，既有理论深度，又有创新性。

教学实践部分精选12个专题，重点指导学生如何写出文质兼美的文章，如何做到"言之有物，言之有序"，强化训练学生的思维与逻辑、语言与思想。12个专题各有侧重，从作文的起始点——素材出发，运用逻辑学、叙事学理论，训练学生将积累的知识转为作文的灵魂——思想，这对于中学生议论文写作能力的提升至关重要。在此基础上，本部分还对议论文的几种常见命题类型及写作中使用的论证方法进行了逐一分析，从而对中学议论文教学内容做到既有针对性又有全面性的覆盖，12个专题有机结合构成一个写作教学序列，紧紧扣住议论文写作的思想性和逻辑性这两大关键要素，以学生范文为例，分析议论文写作的内在逻辑结构，而不是把固化单一的写作模板抛给学生让他们"套作"，并提出因果分析法、类比论证法、归纳推理法等多种方法来拓展论证思路，推进论证层次。

二、编著意图

提炼教学实践经验，探索写作教学的基本规律。本书是作者在一线从教30多年开展写作教学的实践经验总结，自作者参与校本课程的教学工作以来，深感写作教学改革与发展的重要性，日渐萌生重新构建写作内容、文体与素养（技法）相结合的三维写作体系。

兼顾理论性和实操性，为中学语文写作教学提供指导。当今的作文教学不再仅局限于对语言文字的表达，对学生思维品质的引导和生命意识的唤醒都予以更高的期待。因此，作文教学不单是教学生如何流畅地表述语言，并写出优美的文章，文章的思想和逻辑也应成为教师关注的重中之重。当前高中生的议论文写作面临的一个重要问题是如何帮助学生搭建逻辑框架，将头脑中的知识和素材进行有逻辑的串联并转化为思想，而不是形成固化的思维模式。

三、本书特色

（一）坚持以文育人的思想，重塑学生的精神家园

议论文写作是理解事物的本质特征，并在此基础上形成自己观点的过程。从这个角度看，议论文写作教学应建立在引导学生不断深化对世界的认识并形成正确、合理的判断的基础上。同时，秉持《义务教育新课程标准（2022年版）》对语文课程一以贯之的"文以载道""以文育人"传统精神，在写作教学中，还应有意识地培养学生成为有理想、积极向上的人，用生命教育滋养写作以彰显其生命憧憬与想象，又在潜移默化中以写作的方式引导学生成为勤思考、细观察、重真情实感的人，鼓励学生们说真话、说实话、说心里话，不说假话、空话，鼓励想象和幻想，鼓励有创意的表达。总而言之，本书特别强调要加强写作与生活的联系，当作文成为流于表面和套路化的模板文章时，写作便会丧失与人们生活密切的联系，成为与个体生命、心灵毫不相干的东西，从而失去生命力，失去感人的力量，更会失去亲切、自然的魅力。

作文是一种"精神"的个性创造，因此，教师需要善于引导学生有意

识地在生活中的不同场景唤起自己的情感感知力和想象力，激发他们以主人的姿态倾注情感，以多元的、开放的眼光投向大自然、投向社会，关注生命存在的意义。比如，本书中提到在指导学生写作《美的瞬间》这一作文题时，先多次播放乐曲《春美人》，让学生先在欣赏这一优美、欢快的乐曲的过程中用全部心思及真情去感知春天，再化作笔头的文字。

（二）坚持学科育人的思想，帮助学生树立正确的价值观

《义务教育语文课程标准（2022年版）》告诉我们，应该重视语文课程学习对学生思想情感所起的熏陶和感染作用，教师应注意课程内容的价值取向，帮助学生树立社会主义荣辱观、培养良好的思想道德风尚；同时，也要尊重学生在语文学习过程中的独特体验。本书将此指导思想融入写作教学的理论研究中，考虑到学生对材料理解的多元性，教师应该将写作教学贴近学生心灵，帮助学生做好从阅读学习中感受作者情感到在写作学习中表达自己的情感的转换。

好的作文不是模式化的语言和结构套作的文段，而应该体现出作者的价值判断。正如程翔老师所言，写作不仅是语、修、逻、文的技能，更是做人的写照，是对真、善、美的认可与追求。

（三）具有实践性和实用性

本书致力于为写作教学提供参考，不仅收录了课堂实录，还有一些对学生范文的细致分析。经验从实践中来，经过提炼升华后，还要回到实践中去，因此，作者特别重视将30年来积累的大量课堂写作教学经验予以体系化的总结，以期为写作教学提供参考和借鉴。

本书提出了高中写作独立设课的实验框架，即在北京市一线教学实验的基础上，从写作文体、写作内容和写作素养三个维度，对不同年级的写作课提供了课程规划建议，将写作教学体系化、单元化，为教师开展相关教学尝试提供了一些参考。

针对进行议论文教学的方法，我们结合逻辑学、叙事学的研究理论，对概念型、关系型、材料型、任务驱动型作文的逻辑结构进行了逐一分析，并有针对性地提出了各类文章以帮助学生拓展思路，进行思想的横向与纵向延伸。比如，在本书第二部分"拓展论证思路——因果分析法"一文中提到的如何因果分析"两步走"，第一步是追根溯源，第二步是探究

原因。无论是在课文教学还是写作教学中,教师都应有意识地引导学生展开追问,这样有助于学生逐渐形成其有层次性的论证思维。

总之,本书既是一次教学实践的回顾与反思,又凝聚了作者"从自己的课堂中来,到万千课堂中去"的经验分享。写作教学是师生共建的过程,教师不要做学生思想的灌输者,而应做好学生思维的引路人。教师教学、学生写作与教师批改这三个环节是有机的师生对话平台,是"以文育人"的无声过程,更可以帮助学生插上思维的翅膀,以逻辑为线,展翅翱翔在广阔的天地。

目 录

第一部分：理论研究篇

关于《高中写作独立设课实验框架》的说明	3
创意写作略谈	11
叙事有波澜：写好记叙文的关键——高一"复杂记叙文"写作指导课实录	17
创设作文情境　培养创新能力	23
感悟"小麻雀"的美	27
谈作文的人情化	29
乱花渐欲迷人眼——对当前作文教学的几点思考	33
掀起你的盖头来——谈作文创新的价值取向	37
构建学生的精神家园——对当前作文教学的思考	41
当前作文教学误区举隅	47
材料作文写作指导	51
从"规则"到"北京的符号"——也谈北京卷作文的区域特色	57

第二部分：教学实践篇

素材·思想·写作	65
将素材转化为思想	71
一个方法教你写好概念型作文	75
关系型作文的审题立意方法	81
关系型作文的基本逻辑结构	85
材料型作文如何才能不偏题？	89
任务驱动型作文的基本结构	95
议论文分论段的写作逻辑	101
拓展论证思路——因果分析法	107
拓展论证思路——类比论证法	113
论证层次推进——归纳推理法	117
论证层次推进——演绎推理法	123
参考文献	127

第一部分：理论研究篇

关于《高中写作独立设课实验框架》的说明

作者从事中学语文教育30多年，长期参与语文教材的编写工作，深感写作教学改革与发展的重要。他重新构建中学写作教学框架，将写作内容、文体与素养（技法）结合起来，形成三维写作体系，编写三维写作教程，这一想法日渐强烈。下面的《高中写作独立设课实验框架》是为编写写作教程搭建的框架，主要是针对高一、高二年级设计的，与应试模式下的写作不同。

众所周知，借助文字来表达交流的写作行为是人类所特有的，是人类区别于动物显著的特点之一。写作是一项宏大的事业，在传播人类文明、促进社会发展过程中具有不可替代的作用。写作也是一项精神活动，能够表达人的思想情感，体现创新思维和个性特点。写作还是一种职业，是一种生存技能，在人的日常学习、工作和生活中发挥着重要作用。写作同时还有一个很功利的目的就是为升学考试服务。基于这样的认识，我们对中学写作教学的目标定位是为学生掌握写作能力打下扎实的基础。写作应该独立设课，每周至少两课时。写作应该有独立的教材，有科学的评价标准。

写作的过程就是"整理思想"的过程，要培养学生养成"整理思想"的习惯。这是梁启超1922年在《中学以上作文教学法》中的观点，直到今天仍然具有指导意义。学生写作的篇数不一定多多益善，但是要写一篇成一篇，应以质量取胜。写作要表达独立见解，要体现思辨力和逻辑性。

写作不是要肤浅地歌功颂德，而是要表现人性、表现心灵，也就是梁启超所说的"个性"。写作不一定写真人真事，但一定要表达真情实感，体现人文情怀。因此，评价指标不宜笼统地用"思想健康"来要求学生。故事性和象征性是记叙类文体的本质特点，思想性和逻辑性是议论类文体的本质特点。因此，写作教学目标应该在"四性"上有明确要求。写作知识既有陈述性知识，也有程序性知识，效果更明显的往往是程序性知识。因此，写作教学目标应包括对程序性写作知识的学习。写作与阅读密不可分，语文课本中一篇篇文质兼美的选文应当成为学生借鉴的"例文"，特别是在字、词、句、篇、语、修、逻、文方面。因此，写作教学目标可以包括"例文"目标，让选文成为写作的重要资源。当今社会发展迅速，人们借助手机、计算机等进行网络交流已是普遍现象。因此，写作教学目标应该有网络写作方面的要求。写作教学不能不考虑应试的需要，但是写作又不能成为应试的工具。因此，写作教学目标应该明确常规写作与应试写作的不同。上述这些观点构成了作者关于中学写作教学的基本理论，是确定写作要求的基本依据。

下面作者对这个框架作简要介绍，并欢迎感兴趣的同人加入这项试验，深入研讨，不断完善。

一、关于"写作单元"的说明

关于"写作单元"，主要解决时间安排问题。写作课程应两节连排。每学期二十周，分为两个学段。每个学段十周，九周上课，一周考试。每三周安排一次写作，一学期共六次写作，加上期中、期末考试中的写作（考试写作的要求与学段写作的要求一致），共八次写作。如果完成困难，可以适当减少。所谓每三周安排一次写作，是指围绕一个训练点，有"写前"的指导酝酿阶段，有书写成文的"写中"阶段，还有写后讲评、修改的"写后"阶段，体现"一点三步单元写作教学模式"的构想。可以是整篇写作，也可以是片段写作，应在连排的两节课内完成，特殊情况下也可以在家中完成。考虑到高三的特殊性，此框架不包含高三阶段的写作教学。高中写作的时间安排如表1-1所示，一个学段的写作教学时间安排如表1-2所示。

表1-1 高中写作的时间安排

年级	学期	写作单元	写作内容	写作文体	写作素养
高一	第一学期	写作单元	写作内容	写作文体	写作素养
		第一单元	写自己	记人的散文	故事·个性
		第二单元	写他人	记人的散文	故事·人性
		第三单元	写家庭生活	记事的散文	抓住动情点
		第四单元	写学校生活	记事的散文	故事要典型
		第五单元	写物	记物的散文	比兴寄托
		第六单元	写社会、自然生活	记人叙事散文	叙述线索
	第二学期	写作单元	写作内容	写作文体	写作素养
		第一单元	写历史人物	人物传记	叙议结合
		第二单元	写历史事件	纪事本末	写出事件的波折
		第三单元	塑造人物性格	小说	学习虚构
		第四单元	咏史、怀古	格律诗	格律诗的写作常识
		第五单元	表达思想观点	演讲词	观点与得体
		第六单元	社会实践	小品	学习幽默
高二	第一学期	写作单元	写作内容	写作文体	写作素养
		第一单元	建言献策	建议书	突出针对性
		第二单元	语文学习心得	总结	清晰·实在
		第三单元	读书心得	读书报告	归纳·提炼
		第四单元	家国情怀	词	词的写作常识
		第五单元	热门话题	杂文	学习讽刺
		第六单元	国家·社会·人生	随笔	角度·深度
	第二学期	写作单元	写作内容	写作文体	写作素养
		第一单元	论当下人物	人物评论	学习分析
		第二单元	论当下事件	时事评论	学习反驳
		第三单元	鉴赏一首诗（词）	文学评论	景与情
		第四单元	鉴赏一篇散文	文学评论	语言的魅力
		第五单元	评论一部小说	文学评论	思想·艺术
		第六单元	评论一部话剧	文学评论	对话·冲突

表1-2 一个学段的写作教学时间安排

周次	内容、文体、素养	三步	课时
第一周	写自己·散文·写出个性	写前	1~2
第二周	同上	写中	2
第三周	同上	写后	1~2
第四周	写他人·散文·表现人性	写前	1~2
第五周	同上	写中	2
第六周	同上	写后	1~2
第七周	写家庭·散文·抓动情点	写前	1~2
第八周	同上	写中	2
第九周	同上	写后	1~2
期中考试	三选一		

二、关于"写作内容"的说明

写作内容包括人、事、物、情、理五方面。

高一第一学期，先练习写自己，再写他人，最后写家庭之事。期中考试在人与事之间任选一题。期中考试后，先练习写学校之事，再写物，最后写社会、自然。期末考试在人、事、物三者中任选一题。这些内容与初中写作教学衔接比较紧密，能够体现由初中到高中的过渡。

高一第二学期，先写历史人物，再写历史事件，最后写文学形象，这是由实到虚的训练思路。期中考试写一篇虚构作品，侧重表现人物形象，这是对写人记事散文的巩固。期中考试结束后，学生学习首先带领表达咏史、怀古的情怀，这与写历史人物、历史事件相呼应，并借助格律诗的形式完成，将训练重点转向格律诗，然后练习表达思想观点和实践活动，为升入高二做准备。

高二年级的写作内容重在表达思想观点。高二第一学期先从"建言献策"入手，既可以立足班级、学校，也可以立足地方、国家、社会。然后写"语文学习心得"和"读书心得"。这三次写作应注重思想、感受，为正在形成世界观的中学生助力。期中考试时可以结合名著阅读，写一篇读书心得。期中考试后，带领学生写关于"家国情怀"的内容，借助"词"这种形式，与"格律诗"的写作相呼应。然后写"热门话题"，引导学生从身边、社会、国家不同层面的热点中选取有表达欲望的内容。本学期最后一次写作，写对"国家、社会、人生"的思考，表达深刻的思想。这是一个由低到高的过程，表现了一定的逻辑关系。期末考试时写一篇议论类的文章，可以从热点话题中选取一个或几个。

高二第二学期的重点仍然是表达思想观点，进一步促进学生思想的成熟，重在一个"论"字。先论"当下人物"，再论"当下事件"，引导学生由高一年级时写人物和事件，发展到论人物和事件，体现思维方式的变化与提升。然后写鉴赏诗词的文学评论，这相对于写古体诗词也是一个变化与提升。期中考试可以在以上三个方面任选一题。期中考试结束后，针对散文写评论，这是建立在散文阅读与写作基础上的进一步发展，体现理性思维的重要性。接下来，写关于小说和话剧的评论文章，从感性走向理性，进而走向学术。

三、关于"写作文体"的说明

本框架没有采用传统"三大文体"的概念。中国古代文体分类繁多，学生不堪其繁。20 世纪 30 年代，梁启超、陈望道、叶圣陶等前辈学者归纳出"三大文体"，便于学生接受，使用多年，惠及学子，但同时也存在"三大文体"在实际生活和工作中并不存在的问题。比如成年人在工作中谁也不会写"记叙文"或"议论文"，而是要写"总结"，写"发言稿"。

本框架涉及的文体也可以粗分为三大类，一是文学类，二是实用类，三是学术类。文学类重在审美，实用类重在实用，学术类重在思辨。文学类包括散文、诗歌、小说、剧本、杂文、随笔；实用类包括演讲词、建议书、总结、报告；学术类主要是评论。关于写作字数，作者认为，作为高中生，每一种文体（诗词除外）的写作字数不宜太少，大体上以一千字为宜。由于高考的影响，高中学生的作文大多在七八百字，写评论用两节课不一定能完成，可以适当延长时间，而且既可以在家中完成，也可以在网络环境下完成，还可以在图书馆完成。本框架尤其重视评论的写作，这是因为高中阶段是人理性思维发展的关键时期，特别是逻辑思辨能力，在将来的生活和工作中经常会用到,是写作训练的重中之重。三大类的具体分类内容参见表1-3。

表1-3 三大类的具体分类内容

文学类（审美）	实用类（实用）	学术类（思辨）
1. 散文：记人、记事、记物的散文，以及杂文、随笔等 2. 诗歌：格律诗、词 3. 小说：短篇小说、小小说 4. 剧本：小品、话剧	1. 演讲词 2. 建议书 3. 总结 4. 报告	1. 人物评论 2. 时事评论 3. 文学评论

四、关于"写作素养"的说明

高中语文界提出"核心素养"的概念，使写作教学的目标更加明确。写作行为需要核心素养支撑，但要把小学到高中各学段的"写作素养"解释清楚实非易事。本框架侧重高中阶段"写作素养"的训练，故事、人性、逻辑、思辨是构成此学段"写作素养"的基础。

"写作素养"分解为"点"比较好操作。本框架涉及二十四个写作训练点，作者将"故事"和"人性"作为最基本的写作素养置于第一、二训练点。长期以来，我们对记叙类文本的本质特点表述不清，没有从故事性上认识记叙类文本的本质特点。故事源于本事，又不同于本事。当故事与人性结合起来的时候就有了灵魂。人性是写记叙类文本的核心，但长期以来我们并没有这样的认识，更没有这样去引导学生，从而造成学生的写作水平较低。"故事要典型"是指写人性，目的在于强化这个写作理念。至于"比兴寄托"和"叙述线索"，则属于写作构思技巧，侧重思维训练，也十分重要。"叙议结合""写出事件的波折"是对写故事的深化。这里可能有人会问，前面的"故事要典型"与此处的"写出事件的波折"有什么区别？作者的回答是，本框架中"写作素养"具体内容的确定，应与"写作内容""写作文体"联系起来。"故事要典型"与"写学校生活"相关，与"记事的散文"相关，重点训练选取学校生活中的典型故事，不是"写历史事件"。任何一个"写作素养"训练点都受到"写作内容"与"写作文体"的制约。

在"写作素养"中，本框架将"格律诗的写作常识""词的写作常识"纳入进来，目的在于继承传统文化。本框架重视实用类文本的写作训练。随着时代的发展，原来所谓"应用文"就不再列入，而是将重点放在演讲词、建议书、总结、读书报告四种文体上，确定的"写作素养"分别是"观点与得体""突出针对性""清晰·实在""归纳·提炼"。

学术素养是评论类文本写作的重点。我国的高等教育已经进入大众教育的时代，因此，连通大学教育与高中教育，评论类文本的写作是必需的。本框架安排了一个学期的时间用来训练评论类文本的写作，这是对传统写作教学的突破。逻辑与思辨能力是训练的核心，为此，本框架在"写作素养"方面确定了"学习分析""学习反驳""景与情""语言的魅力""思想·艺术""对话·冲突"六个训练点。

五、关于"内容""文体""素养"三者关系的说明

这三者有制约的关系，但这种制约不是相互的。"内容"指写作范围，涉及面很广，对"文体"和"素养"没有必然的制约，因为同样的"内容"完全可以选择不同的"文体"，而同样的"内容"也需要不同"素养"的支撑。本框架中的"内容"也不是写作的全部，只是相比之下显得比较重要，它体现的是一种写作教学的思想。

以"社会实践"为例，之所以确定这个内容，是因为考虑到教育部《普通高中课程方案（实验）》中有这项内容，写作内容应与学生生活相结合。之所以确定用"小品"这种"文体"来表现"社会实践"，是因为其有一定的灵活性。但从"文体"的整体框架上来看，似乎确定"小品"或者"话剧"的形式比较合适。在"文体"框架中，尽量不重复，"小品"这种文体的写作是一次性的。"文体"与"素养"之间是有制约关系的。"文体"与语言风格、构思方式、表现手法有密切关系，选定一种文体，就选定了一种语言风格，也就等于选定了一种构思方式，也就等于选定了一种表现手法。"小品"这种文体与"幽默"关系密切，不懂"幽默"就写不好"小品"。当然，"文体"与"素养"之间的逻辑关系是复杂的，写"小品"不仅需要"幽默"，还需要具备其他方面的素养。本框架在确定"写作素养"时，是按照轻重缓急、主次本末的关系来考虑的，

尽量考虑"核心素养"。这样的安排在实际写作过程中是可以灵活调整的，但不管怎样调整，我们必须引导学生充分尊重文体规律，必须对写作行为有明确的要求。在"内容"中选择"文体"，在"文体"上确定"素养"，而这三者又各自形成一个相对完整的体系，如图1-1所示。

图1-1 写作体系金字塔

以上内容是对《高中写作独立设课实验框架》的简要说明，有不妥之处，敬请广大同人批评指正。作者所在的北京一零一中是国家基础教育领域改革的排头兵，也是北京市海淀区教育委员会命名的"语文学科教学基地校"。这个框架我们酝酿已久，自实施以来，效果良好。我们真诚希望更多的学校加入改革的行列中，与我们共同探索高中写作教学的有效途径。

（选自《语文教学通讯》2017.1A，作者程翔、张新村）

创意写作略谈

作者认为，创意写作不是抛开传统写作而另起炉灶，也不是抛开优良写作传统而翻新花样。就像历史无法"清零"一样，创意写作必须建立在尊重优良传统的基础上。长期以来，人们诟病写作中存在的种种问题，问题固然存在，但是另起炉灶就能彻底解决问题吗？作者持怀疑态度。很可能的结果是旧的问题没得到解决，新的问题又出现在面前。鉴于这样的考虑，作者认为，创意写作要走中国特色的道路，不能简单地像国外那样写哲学论文。中国的文化背景和学生成长环境与外国差异很大，我们可以适当借鉴外国的模式，但不可照搬。

作者以为，创意写作命题的特点之一是避开写空洞的口号。创意写作的很多题目，比较中性，选择空间大，不用担心出现错误，可以放开去写，于是抒发性灵、表达真情实感、富有文采的文章就会多一些。写作的一个基本规律是，解放心灵、有实际感受就容易写得好；反之，则不容易写好。这些年来，各地举办了很多作文大赛，颇有创意，值得借鉴。

第四届"北大培文杯"大赛题目

初赛题目：

以下是两道开放性命题，要求参赛选手从中任选一题进行自由创作。

题目1：请以"到世界去"为题，创作一篇3 000字以内的作品，文体不限。

题目2：著名诗人北岛的《生活》一诗中只有一个字："网"。"网"

的含义十分丰富，蛛网、渔网、法网……而今网络的普及不断改变着"网"的内涵，从而影响着我们的生活方式，网友、网红、网文……请以"网"为核心元素，展开联想和思考，创作一篇 3 000 字以内的作品，题目自拟，文体不限。

决赛题目：

题目1：尼采曾说：没有可怕的深度，就没有美丽的水面。请思考这句话，自拟题目，文体和字数不限。

题目2：请以"度"为题创作一篇作品，文体和字数不限。

从以上题目中任选一题，请在专用稿纸上写作，考试时间为180分钟。

第五届"北大培文杯"大赛题目

初赛题目：

以下是两道开放性命题，要求参赛选手从中任选一题进行自由创作：

题目1：请阅读诗歌《点灯》，展开联想和思考，自拟题目，创作一篇 3 000 字以内的作品，文体不限。

点　灯

陈东东

把灯点到石头里去，让它们看看
海的姿态，让它们看看
古代的鱼
也应该让它们看看亮光
一盏高举在山上的灯
灯也该点到江水里去，让它们看看
活着的鱼，让它们看看
无声的海
也应该让它们看看落日
一只火鸟从树林里腾起
点灯。当我用手去阻挡北风
当我站到了峡谷之间

我想它们会向我围拢
会来看我灯一样的
语言

题目2：请以"纸"为主题，自拟题目，创作一篇3 000字以内的作品，文体不限。

决赛题目：

题目1：荷兰著名画家凡·高曾说："在我们的心里或许有一把旺火，可是谁也没有拿它来让自己暖和一下，从旁边经过的人只看到烟囱里冒出的一缕青烟，不去理会。"请就此展开思考和联想，创作一篇作品，题目自拟，文体和字数不限。

题目2：请阅读诗歌《一些东西在飞行》，以"飞行与安停"为题目创作一篇作品，文体和字数不限。

一些东西在飞行

[美] 艾米莉·狄金森

（徐淳刚　译）

一些东西在飞行——
鸟儿——时光——野蜂——它们没有悲歌哀鸣。
一些东西在安停——
悲伤——山丘——永恒——这并非我的使命。

静默之物，升起。
我能否辨明天理？
多难解的谜！

从以上题目中任选一题，请在专用稿纸上写作，考试时间为180分钟。

2018年"开拓杯"决赛命题

我低声问："你家还有什么人？"她说："现在没有什么人，我爸爸到外面去了……"她没有说下去，只是慢慢把橘瓣一个一个放到妈妈的枕头边。

请你在这个基础上把故事讲完整。力求有完整的人物、情节和环境。要求题目、立意、文体自定（不含诗歌），不少于 1 000 字。

2019 年"开拓杯"决赛命题

我独自行走在雨后的小径上，背后的群山越来越远，我一点都预测不到未来的样子。

根据上述情节写一篇文章，要求题目、立意、文体自定（不含诗歌），不少于 1 000 字。

第十五届"叶圣陶杯"全国中学生新作文大赛现场决赛

将下面的诗歌改编成一篇散文，或者微型小说、小剧本。

夜雨寄北

李商隐

君问归期未有期，巴山夜雨涨秋池。

何当共剪西窗烛，却话巴山夜雨时。

美国高考 SAT 写作题目

写作 1：在政府中或其他环境中，大多数人的意见会是一个糟糕的导向吗？写一篇短文来陈述你对这个问题的看法。利用你阅读及学习经历中的事例或观点来支持你的想法。

写作 2：我们是否应该根据人们所取得的成果来对待他们，而不是看他们做了些什么？

写作 3：是不是所有的人都需要创造力？

写作 4：现在是不是真的在世界上还有更多东西等着人们去发明和发现？

写作 5：金钱是决定一个人生活质量最重要的因素吗？

写作 6：艺术能改变我们的生活吗？

写作 7：自律是否会带走生活的乐趣？

写作 8：当我们有了正确的改革方向的时候，我们应该秉持旧的观念还是应该继续向前迈进？

写作 9：在故乡生活的人是否比移居到别地的人更快乐呢？

写作 10：为未来做准备是不是比享受现在更重要？

以上这些题目都属于创意写作题目。创意写作就是超越传统的写作，就是能够激活学生思维、促使他们发挥写作才华的写作。当然，这些题目不能照搬到作文命题中来，但是可以适当借鉴。比如续写的形式就很好，既能避免宿构套作，又能考查学生的创新思维。

还有，传统写作缺少非虚构写作和实用写作，如果能够在这方面有所突破，也是很有意义的。虚构写作属于文学类写作，而中学生走向社会之后，大多数人从事非虚构写作。比如让中学生写"孔子小传"这个题目，就能考查学生的阅读范围和对文献资料的整理水平；同时，也能考查学生的语言功底。需要注意的是，人物传记的写作要求必须有严肃的态度，不能靠道听途说，更不能"戏说"。

比如，制订一个"全校读书交流活动的方案"，或者写一篇"中学生朗诵大会开幕式的开幕词"，或者写一篇"高中三年语文学习总结"（这三个题目仅仅是作为例子）。这样的实用类文章在将来用得更广，它要求有创新、有格式、有实际内容，还有语体风格上的要求。估计相当一部分学生未必能写得好，因为平时这方面的训练太少了。

创意写作已经向我们走来，正在走进我们的常规写作教学。如果我们因循守旧，抱残守缺，就会影响中学生写作能力的提升。将传统写作与创意写作有机结合，既是社会发展、培养时代新人的要求，也是写作教学本身发展规律的要求，我们应该就此努力探索。

（选自《山东教育》2020.03）

叙事有波澜：写好记叙文的关键
——高一"复杂记叙文"写作指导课实录

师：同学们，古人曾说"文似看山不喜平"，意思是写文章就好比观赏连绵起伏的山峰，最忌平淡无奇。进入高一，复杂的记叙文是训练重点。所谓"复杂"，是针对初中简单记叙文而言的。"复杂"的内涵有多个方面，其中就包括叙事有波澜。

（师板书：叙事有波澜）

师：今天这节课，我们以两篇文章为例，来学习叙事有波澜。一篇是同学的习作《绅士风度》；一篇是大家之作，王任叔的《河豚子》。下面给同学3分钟的时间看第一篇。

（学生自读，圈点勾画）

师：下面请同学评一评这篇文章。你觉得这篇文章在叙事波澜上最大的特点是什么？

生1：作者先写了自己对后面场景的设想，那个"绅士"会给老奶奶让路。这个设想与后文的事实形成对比。事实是"绅士"没有让路，两种行为的反差，表现了作者对所谓"绅士风度"的嘲讽。

生2：我有补充。我觉得本文在结构上采用了先扬后抑的手法。作者先设想的情景是非常美好的，第一段中写"心情不免愉悦起来"，第二段中写和睦而美好的画面，第三段是设想，这都是"扬"的部分。之后，第三段中有一句话是"然而，不可思议的事情就在这一瞬间发生了"，这就形成了转折。

师：这里的转折就是？

生：波澜。

师：回答得好！我们简单做个小结：作者运用先扬后抑的叙事结构，形成波澜。我们用一个词来评价这个"绅士"，他是怎样一个人？

生：表里不一。

师：很好！把这个词写下来。我们由此明白一个道理：抑扬是形成波澜的一个有效方法。在上次的作文中，很多同学的作文没有波澜，平铺直叙，较为平淡。如果你想要重新写，那就要考虑一下，是否采用抑扬的叙事结构呢？本文是先扬后抑，你也可以选择先抑后扬。

（师板书：抑扬法）

下面我们看第二篇文章——《河豚子》，这是大家之作。同学们了解河豚子吗？

生：河豚子是有毒的，人吃了很快就会死。

师：河豚子就是鱼子，味道鲜美，但有剧毒，吃多了，人会死亡。所以，作家王任叔拿"河豚子"当题目，是有象征意义的，河豚子就象征死亡。下面请大家带着问题来初读这篇文章。这篇文章有没有波澜？有的话，表现在什么地方？

（学生读《河豚子》）

师：读完了吧？谁来谈一谈？

生：有。开篇作者用"常识""决心""讨"这些词，好似奇峰突起，造成悬念，吸引读者。

师：什么是悬念？

生：为了吸引读者而制造出的故事情节。不揭示原因，吸引读者往下看。

师：很好！

（师板书：悬念法）

师：他一开始"讨"河豚子是为了什么？

生：是为了结束自己和一家五口人的生命。我觉得整篇文章对我触动最大的一点是最后一句话——"他一觉醒来，叹道：'真是求死也不得吗？'泪绽出在他的眼上了。"我认为这是个戏剧性的描写，他已经为自己的死做了这么多的心理准备，但他最后却没有死成，这有点欧·亨利式结尾的感觉。作为一家之主的男人，他在前面提到妻子把河豚子煮来吃，自己因为不愿意看到孩子和妻子惨死的状况而借故离开。但因为妻子非常爱丈夫，所以妻子断不肯把这个东西先给孩子吃，这就导致河豚子一直在锅上煮着，最后失去了毒性。这个结局，又是一个在情理之中的结局。

师：说得很好。

生：这样一个农民，他在极端困难的情况下，求死不得。

师：求死不得，那求生怎么样呢？

生：他虽然尝到了河豚子的美味，但是醒来以后依然要面对一个困难而艰苦的家庭，绝望的未来。他的未来仍然是灰暗的。

师：未来是灰暗的。应该指的是那种深重的煎熬，到悲凉乃至绝望。你讲得很好！请下一个同学讲。

生：最触动我的一点是，当男主人公把河豚子拿回家之后，他的孩子很期待，因为看到父亲拿回来可以吃的东西。作为父亲，他做了充分的心理准备，只说了一个字"吃"，这个字包含了很多矛盾的感受。看到孩子们的期待、童稚的欢乐，他不舍，但是为了不让一家人受苦，他又不得不用河豚子来毒死家人。

师：毒死家人，求得解脱。他讨到河豚子之后，家里的孩子手舞足蹈，这指向的是"喜"。你刚才说了一个词"矛盾"，用在这里十分恰当。他内心是矛盾的、痛苦的。你能说得具体一点吗？

生：孩子是自己的亲生骨肉，父亲希望他们好好活着。但是看到孩子饥饿难耐，不知这样的痛苦还有多久，他不忍看着继续下去，干脆了断。一边是对生的渴望，一边是对死的准备，多种感觉叠加到一起。

师：是的。做出这样的选择是万般无奈的，是痛苦的，是绝望的。还有哪位同学谈谈感想？

生：让我最触动的一点是，丈夫回来之前，妻子和孩子没有一个人先去吃河豚子。也正是这一点，导致河豚子煮了很久，毒性消失，他们才没被毒死。在第10段，说"同甘共苦的妻子，对于丈夫是非常敬爱的，任何东西断不肯先给孩子尝吃的"，这里是一个伏笔。

师：你读出了什么？

生：夫妻恩爱，深厚的亲情。

师：这是人间真情；文学就是人学。文学表现人性。好，你接着说。

生：我觉得这避免了一个悲剧的发生，这个结局相对于死来说，算一个比较好的结局。在这之后，他应该不会再去求死了。

师：有道理。谁还说？

生：两个"安安稳稳"用得好。第一个"安安稳稳"地睡着，是他知道自己全家人即将迎来死亡，所以，此处的"安安稳稳"也许是希望自己能死得看起来体面一些。后面的"安安稳稳地挨饿"，是说既然他没有死成，那么一家人还要继续面对让他们绝望的生活。"安安稳稳"虽然看起来是褒义词，但实际上表达的是一种无法改变的、悲惨的命运。

师：有见地！学语文就是要抓住关键字词句，深入体会其内涵。接下来，我们再思考下一个问题。如果写这个主人公回家看见一家人中毒身亡，那么与现在的故事设计相比效果有什么不同呢？

生1：如果他回家的时候看到一家人尸体横陈的惨状，那么文章的故事性就不会那么强。因为之前写他买河豚子的时候，我们已经知道他要把全家人都毒死。我读到这里的时候，内心是非常难受的。同时，这也为后面的结尾做了铺垫。

生2：如果最后写的是家人死去了，他也选择去死亡，那么这其实反映了在这种困难情况下的一个家庭的悲剧。但从写作的角度看，缺少了意料之外的艺术效果。

师：你说得好。意料之外，情理之中。

（师板书：意外法）

师：这是小说叙述制胜的法宝。我再提一个问题，作者没有发表议论，是不是作者没有态度？

（生沉默）

师：你们能看出结尾"求死不得"暗含着作者怎样的情感态度吗？你来说说看。

生：作者是同情的态度。

师：好。还有呢？

生：除了同情，还有对当时社会现状的揭露和批判。

师：揭露，批判，好！伟大的作家，他们都有一颗悲天悯人的心。最后一个问题。这篇小说写得悲惨至极，一家穷人被灾荒和饥饿逼得走投无路，作为一家之主的男人，竟想用河豚子毒死全家作为解脱，最后却还是求死不得。这个故事，你觉得可信吗？

生1：虚构的。

生2：艺术的真实吧。

生3：这个故事真实与否并不重要，关键是作者想要借这个故事表达出真情实感。

生4：我觉得这个故事应该有原型，不一定是完全照搬，但是肯定发生过这样的事情，所以作者才会有灵感。这就是通常说的艺术来源于生活而高于生活。

师：来源于生活而高于生活，这就谈到了小说的特点之一——虚构。虚构是小说的特点之一，它是对现实生活的提炼、浓缩和艺术加工。作者做了艺术化的处理，这个故事就带有了典型性和普遍意义。这个故事尽管也是以悲剧作为结尾，但是它给读者留下来的想象余地更大。意外，就是让读者造成判断上的失误，一旦最后弄清了事情真相，便会心头一震，印象格外深刻。这一写法在《蒙眼》一文也有巧妙运用，请同学阅读此文，谈一谈你的感受。

（学生读《蒙眼》）

师：读完了吧，谁来谈一谈？

（学生举手，争相发言）

生1：我感觉挺意外的。刚开始看到这个故事的时候，觉得这个老师用心良苦，他给这个学生一个改正的机会，看到结尾，才发现老师自己也是蒙上眼睛去搜查口袋，出人意料，这样就更加强化了老师对学生的尊重。

生2：看到前面的时候，我以为又是一个很套路的文章，结果反而是一个反套路，老师从一开始就怀着一颗仁爱之心善待学生。这个老师实际上也是蒙眼的，感觉有一种很强的戏剧张力。

师：以上几位同学的发言，角度不同，都很有见地！能把表面平淡的事件写得引人入胜，"意外法"功不可没。我对今天的这节课做个总结：

从叙事有波澜的角度说，抑扬、悬念、意外构成了叙事波澜的基本手法，我们要学习这种手法，为写好复杂的记叙文打下扎实的基础。给同学们布置一项作业，双休日在家运用今天所学的叙事方法，修改上次的作文《高中啊，我刚开始的故事》。

简评：

这节课重点训练学生在"复杂记叙文"中的"叙事有波澜"的能力。这是记叙文写作的一个关键点。高中"复杂记叙文"与初中"简单记叙文"究竟有哪些不同？这在中学语文教学中一直模糊不清。此课的价值不是让学生动手写出一篇"复杂记叙文"，而是让学生开始认识什么是"复杂记叙文"。

抑扬、悬念、意外，这三种手法在初中记叙文写作中并不作要求，到了高中就明确提出来了。这就体现了高中、初中记叙文写作教学的发展梯度。这个梯度实际上为中学写作教学的体系化建设提供了一个参考的范例，尽管还不很完善。本节课选了三篇例文，一篇来自学生的习作，一篇是名家名作，还有一篇来自网络，各自侧重一个训练点。选材是典型的，必定给学生留下深刻印象。

"复杂记叙文"的写作教学必然遇到一个实际问题：学生作文中所写的真人真事没有那么复杂，如果要修改得像范文一样，就必须借助虚构的手法。虚构不是假，而是从生活真实向艺术真实的发展。本课是一次有益的尝试。我一直认为，初中阶段写真人真事固然应该，但到了高中阶段就要适当借助虚构手法，这样学生的思维才能"洞天石扉，訇然中开"。

与之相关的另一个问题是文章的主题。初中记叙文写作只要有意思、有趣就可以，但到了高中，则要求"有意义"了。这是一种飞跃。高中生的写作不能仅仅停留在"写"的层面上，要尝试进入"创"的层面，借助虚构表现深刻的思想。什么是有意义？这需要教师引领。给学生展示的《河豚子》这篇小说就是很好设计，相信学生通过阅读，能体会到作品深刻的思想主题。

（选自《山东教育》2022.14，作者：张新村、陈德收）

创设作文情境　培养创新能力

一、借几何图形设境，在联想中创新

众所周知，创新发散思维是靠联想来展示和发挥的。联想的主体可据某一点出发，任意发散，既无一定方向，也无一定范围，从而使主体可以张开思维之网，冲破一切禁锢，接受更多的信息，进而产生众多的创造性设想。联想除应用已有的知识与记忆外，更重要的是加入了想象的因子，这就使人们的思路更加开阔，其答案就会是丰富多彩的。

例如，圆形能引发学生的许多想象：想象为一个陷阱，由此便可联想生活中的挫折和坎坷；想象为圆满，由此便可联想种种曲折的成功经历；想象为孩子甜甜的笑靥，由此便可引发小时候甜甜的回忆；想象成一滴泪水，由此便可引发生活的感伤、成功的喜悦；想象为历史的车轮，由此便可引发哲人的思考；想象成南极上空的臭氧空洞，由此便可引发对环境保护的关注；想象成天上的太阳、水中的月亮，由此便可引发人们无限的遐想……

初二的郭小飞同学这样想象：

圆

傍晚，雨过天晴，土地散发出一股清新的芬芳。弯弯的拱桥横跨在小河上方，桥与水中的倒影连在一起，形成了一个圆。拱桥像顾影装扮的少

女，在明亮的镜子中静静地打扮自己、欣赏自己。河水静静地流淌着。河边的垂柳倒映在清清的水中，偶尔一阵清风拂过，柳叶上的雨滴落了下来，在水面上荡漾起一片水纹，瞬间就消失了，水面又恢复了平静。水中，鱼儿游过来了，重新划破平静的水面，泛起层层涟漪。

夜深了，游动的鱼儿渐渐安静了。明月的影子，倒映在水面上，拱桥和倒影又形成了完整的圆圈。

一切，静静的。

二、借诗歌设境，在想象中创新

哲学家康德说过，想象力作为一种创新的认识能力，是一种强大的创新力量，它从实际材料中，创造出第二自然。由此我们不难看出，想象是在人脑中对已有表象进行加工而创造新形象的过程。每位学生可以根据文学的描述在头脑中形成相应新事物的形象。

在写作《星的遐想》这一文题时，我借冰心的《繁星》设境：

繁星闪烁着——

深蓝的太空

何曾听见他们对话？

沉默中

微光里

他们深深地互相颂赞了。

学生在欣赏了这首意境优美、极富想象力的小诗后，燃起强烈的创造热情。有的写夏夜繁星，有的写童话之星，有的写孩提时代的迷惑之星、幻想之星，有的把星星摘下来对语，诉说心中的秘密，有的应星星之邀，遨游太空，去外星人家里做客，有的联想到社会之星、校园之星，以及包装后的歌星、影星……学生的思维想象力在思维宇宙间具有高度的活动自由性，它自由地纵横驰骋，变幻无穷。

三、借音乐设境，在美感中创新

音乐是一种语言，是听觉的艺术，其塑造形象的方式是利用声音刺激人们的听觉器官，从而在大脑中产生联想和想象，进而获得美感。在作文教学中，我充分利用了音乐的这一特点，采用反复播放某一乐曲的形式，使每一个音符幻化成聆听者心中流淌的歌。

以"秋"为题进行作文时，我进行了这样的尝试：反复播放钢琴曲《秋日私语》，让学生欣赏这一展现秋日风光的乐曲，感受"飒飒秋风"与"簌簌落叶"之景，让学生展开联想和想象的双翼，去感知秋景、秋情、秋思、秋事。以下是某初二学生的《秋之景》片段：

九月了，从第一片树叶落地开始，北方的秋天就来了。那天空蓝得发白，没有一丝云流过；那土地，黄得耀眼，风涌起金色的波浪；高粱喝醉了，摇着黑红黑红的大脸，嘀咧咧地唱着；大豆说话了，像孩子们在拍手，咯咯咯地笑着；那河里的水，没有了夏日的喧嚣，静静地入睡了，眨眼间又被溯水上来的鱼给摇醒了！

四、借物设境，在愉悦中创新

传统的作文教学，课堂气氛沉闷、严肃，抑制了学生思维的广泛性、独立性、灵活性、敏捷性，严重制约了学生创新能力的发展。因此，营造健康有序、宽松和谐、开放高效、生动活泼的作文教学氛围，让学生心情舒畅地去创造，显得尤为重要。教师要善于调动学生作文的主动性和创造性，使学生的思维能够最大限度地活跃起来，发挥学生的创造精神。

在指导学生写作《我尝到了苦涩的滋味》时，我安排学生每人带来一个青橘。老师提问："你最想做什么？"学生笑答："想吃！""好了，给大家五分钟的吃青橘的时间。"待学生吃毕，老师又问："吃青橘是什么感觉？"学生答："酸、甜、苦、涩、乐、爽、美。"至此，一篇由橘的苦涩引申至生活苦涩的作文就水到渠成了。

（选自《语文教学通讯》2001.03）

感悟"小麻雀"的美

前不久,在一堂作文课上,同学们在一个"美的瞬间"(作文题)喜获一只"小麻雀"。这只"小麻雀"的出现,荡起了每位同学心潭中的涟漪,激发了同学们对生活的感悟。

这只"小麻雀"是某中学初三的耿文峰同学在作文中描写的小精灵。

咦!在几步远的草堆里不是落着一只麻雀吗?我心里一动,随手捡起一块石头,向那里掷去。"啪",响声过后,那小家伙却只是上下扑腾了几下。"呵,怎么,以为我抓不住你,别太看不起人。"我小声嚷着,起身便向前扑去。"乖乖,不对呀!走到近处我才看清,那麻雀身上似乎有伤。顺眼望去乱糟糟的一团。它不断地扑腾着翅膀,努力向上跳着,一次又一次,一次次跳起又一次次落下……几次过后,早已是形容憔悴,可那双黑亮的小眼珠,却又不时放射出束束令人振奋的光芒,那分明是一种希望,一种渴望生存的希望,一种不屈不服的意志。我早已打消了捉鸟的念头,只是静静地站在那里,许久许久,两眼痴痴地望着这可怜的小家伙一次又一次地挣扎……我转过身来,刚要离开,忽然,几声清脆的鸣叫之后,一只鸟儿腾空而起,从我的眼前盘旋飞过。我只觉心头猛地一震,目光紧紧地凝固在了这只小鸟身上……渐渐地,小鸟在我眼前变成了一个小小的黑点……

一位哲人说过:"每一个生命,都拥有自己的骨气和自尊。"在生活中,能引发人们对生命思考的小事很多,小作者以一双慧眼,摄取小麻雀一次次跳起又一次次落下的这一瞬间，书写了一曲震颤心灵、直面生命的壮丽之歌。在课堂上，我一遍又一遍地朗读小麻雀向命运挑战及作者感悟的有关语句。学生们蛰伏的情感逐渐活跃起来，心的律动也一次比一次强烈，其情也融融，其思也沉沉。"感悟生活、体味人生"的教学主旨也因为有了这只可爱的小麻雀得以充分张扬。

众所周知，作文教学的目的在于解放人，解放人的精神和心灵，把写作主体潜在的想象力、创造力和表现力，即鲜活而强悍的生命力，都尽情地释放出来。作文是一种"精神"的个性创造，学生们的情感力、想象力其实很丰富，平常的生活里就有诗、就有美，关键是引导他们用心去感悟，用眼去发现。

当学生们的情感得到尽情展现时，我顺势对这堂作文课做了总结：

昙花的美，美在它长时间的沉默与怒放时的那一片辉煌，更在于它短暂而炫目的美丽与悲壮。

落叶的美，美在它春日枝头含羞的嫩芽，更在于它"化作春泥更护花"的希望。

星星的美，美在夏夜繁星的闪烁，而瞬间划过苍穹的流星更能引人遐想。

当你捡起一张乱脚践踏的废纸，当你搀扶一位蹒跚的老人通过马路，当你把一句温馨的话语、一个灿烂的微笑留给他人……这瞬间的一切，永远是那么值得体会与珍藏。

师生一起朗读冰心的一首诗，用心去感悟"小麻雀"的美。

成功的花，

人们只惊慕她现时的明艳！

然而当初她的芽儿，

浸透了奋斗的泪泉，

洒遍了牺牲的血雨。

在你拥有美丽的时候，别忘了所需的奋斗。

（选自《语文教学通讯》2001.17）

谈作文的人情化

常听一些教师抱怨："外面的世界很精彩，写作文的学生好无奈。"作文教学的这一尴尬局面引发人们对"作文源于生活"的进一步思考。当学生放开手脚，到生活的海洋中自由搏击，并有了一定的生活积累，但仍写不出令人心动的文章，其症结何在？一句话，作文缺少了人情化。

"蜡烛有心为惜别，替人垂泪到天明。"生活中的很多事物本来并没有灵性，可是若把自己的情感移到外物上，仿佛外物也有了同样的情感，那么，无情的山水，在有情的人眼里，也就充满了情趣。"当自己欢喜时，大地山河都在扬眉带笑；当自己悲伤时，风云花鸟都在叹气凝愁。惜别时蜡烛可以垂泪，兴到时青山亦觉点头。柳絮有时'轻狂'，晚峰有时'清苦'，陶渊明何以爱菊呢？因为他在傲霜残枝中见出孤臣的劲节；林和靖何以爱梅呢？因为他在暗香疏影中见出隐者的高标。"因此，只有把自己的意蕴和情趣移于司空见惯的事物，才会使事物呈现出人格化、情感化。在生活中越是濡染了主体的情感的东西，就越是鲜活的、明敏的、个性的、独特的、深刻的。

我们知道，作文教学以"求诚""求真"为根本，以展现个性、创造性为核心。但是实际上，不少学生作文已变成了与个体生命、心灵毫不相干的东西，失去了感人的力量，失去了亲切自然的魅力。很多学生的作文，仅是"生活的复印件"，写作的过程根本就没有惊叹、沮丧和战栗之类的情感因素生成并从心底泛开。写作主体鲜活而强悍的生命力，一个个活泼的"我"的灵魂，难以在作文中映现。再者，人的情感世界各不相同，正所谓"观则同于外，感则异于内"。只有热爱生活、深入生活，并坚持不懈地用心去感悟、思索，给自然、社会赋予生命的情感，这样，学生的笔端才会流淌出有灵性和活力的欢歌。下面是某中学初三年级王冰、耿文峰同学的作文片段。

(一)

终于有一天，爸爸不知从哪里弄来了一只小鸟，让它陪我玩。我不知道它是一只什么鸟，只看着它很漂亮。它有黄黄的羽毛，红红的嘴巴，两只小眼睛总是不安分地瞅来瞅去，时不时地总爱叽叽喳喳地叫几声。刚开始，我对这个笼子里的小鸟产生了极大的兴趣，它可是我最喜爱的朋友。我每天耐心地给它喂食、逗它玩，每天对着它讲故事，可它不但不安静，还在笼子里烦躁地蹦来蹦去。我想：它这是怎么了？

思考了很长时间，我终于明白了：这只笼子不是它的家，不是它的自由天地，它的家是大自然，它待在笼子里太闷了，小鸟只有在大自然中才会快乐。我用稚嫩的小手打开笼子，并推开尘封的窗户，含着泪将小鸟放飞，望着心爱的小鸟在广阔的蓝天上飞翔，自由自在，无拘无束，我抹一抹泪开心地笑了。小鸟带着我童年的梦远去了，我心里比吃了蜜还甜。

(二)

咦！在几步远的草堆里不是落着一只麻雀吗？我心里一动，随手拣起一块石头，向那儿掷去。"啪"，响声过后，那小家伙却只是上下扑腾。"呵，怎么，以为我抓不住你，别太看不起人。"我小声嚷着，起身便向前扑去。"乖乖，不对呀！"近处我才看清，那麻雀身上似乎有伤，顺眼望去乱糟糟的一团。它不断地扑腾翅膀，努力向上跳着，一次又一次，一次次跳起又一次次落下……几次过后，它早已是筋疲力尽，可那双黑亮的小眼珠，却又不时放射出束束令人振奋的光芒，那分明是一种希望，一种渴望生存的希望，一种不屈不服的意志。我早已打消了捉鸟的念头，只是静静地站在那儿，许久许久，两眼痴痴地望着这可怜的小家伙在一次又一次地挣扎……我转过身来，刚要离开，忽然，几声清脆的鸟叫之后，一只鸟儿腾空而起，从我的眼前盘旋飞过。我只觉心头猛地一震，目光紧紧地凝固在了这只小鸟身上……渐渐地，小鸟在我眼前变成了一个小小的黑点……

王冰同学写了把小鸟放回大自然的故事。在故事的叙述中，融入了小作者浓浓的天真而又真挚的情趣，字里行间充满了对小鸟的爱。小鸟的喜怒哀乐，使人读了感到十分亲切，心弦也被深深打动。为什么呢？因为作者以自己的"真情"写了故事的"真情"。耿文峰同学以一双慧眼捕捉到小麻雀一次次跳起，又一次次落下的这一瞬间，抒写了一曲震颤心灵、直面生命的壮丽之歌。当读到小麻雀向命运挑战及作者感悟的有关语句，我们似乎感觉到一种沉甸甸的生命质感的存在，似乎置身物我同一的境界。

（选自《语文之友》2001.24）

乱花渐欲迷人眼
——对当前作文教学的几点思考

一、红杏枝头春意闹

随着创新教育的不断深入,作文园地也热闹起来。暂且不说琳琅满目的用"创新"包装起来的作文大全,单是报刊推出的"新概念作文"就令人目不暇接。这还不够,在作文课上,老师叮咛再三,诱导不疲:大胆想象,放开联想,只要是"创新"文,可以跳出"条条框框"。毋庸讳言,创新思想如一眼清泉,激活了学生蛰伏的情感;如一缕春风,唤醒了学生冰封的心灵。它打破了传统的教学模式,一改作文机械呆板、千人一面、假话套话连篇的局面,给作文教学带来了无限的生机。但刻意追求所谓"创新",一味地率意而为,严重背离求真务实,致使部分中学生写出的作文荒诞离奇,更有甚者,充斥着颓废的思想、玩世不恭的情绪、游戏文字的油滑等不良倾向,这不能不引起我们的深思。

二、外面的世界很精彩

学生写不出优美的作文,勉强写出的作文又缺乏真情实感,这已是作文教学多年的顽疾了。症结何在?有人归因于学生缺乏生活积累,没有生活体验。于是,教师鼓励学生拥抱大自然,参与社会实践便成为一种时尚。有的教师一味强调学生"观察",津津乐道"作文源于生活"。一番轰轰烈烈之后,学生作文仍摆脱不了材料堆砌、"流水账"似的困境。在迷惘、叹息之余，我们应思考这样一个问题，怎样才能切中作文的要点呢？

要引导学生用"心"去观察。善于用情感、意识、思考去触摸事物的品质，没"心"的人是另一种盲人，什么也发现不了。热爱大自然，热爱生活，对写好文章有重要的意义。但写作不能是单纯客观地搜集材料，而应该将亲身体验融进文中。

另外，人的精神生活也是"生活"。"作文源于生活"在一定意义上说是源于人的精神生活。"读书破万卷，下笔如有神"说的就是这个道理。美国著名心理学家克拉森研究表明：学生自发的课外阅读，比增加经常性的写作训练对发展学生作文能力更有效。基于以上认识，我们在强调观察现实生活中的思考和感受的同时，还应该强调阅读中的生活积累、情感积累、思想积累和语言积累。

三、为赋新词强说愁

也许是为了真切地让学生张扬个性，过把"创新"的瘾，于是，大胆文、想象文、新概念文、话题文便粉墨登场了。在作文教学中，不少教师不再用模式禁锢学生的思维，不再用评分标准衡量学生的作文，甚至有的教师对学生的歪理邪念认为是所谓"创见"，也任其泛滥。一时间，多愁善感流于笔端，凄凄惨惨的为真情，胡思乱想跃然纸上……这，怎一个"个性"了得。我们知道，作文是一种"精神"的个性创造，学生们的情感力、想象力其实很丰富，平常的生活里就有诗、就有美，关键是引导他们用心去感悟，用眼去发现。因此，我们在强调培养学生作文个性、强调培养创新能力时，不可过多地宣扬"标新立异"，虚幻空灵等所谓的"新概念"写作理念，以免把学生引向虚幻猎奇、远离生活的误区。

作文无甚新意，缺乏个性，与学生基本功不扎实和缺乏起码的"规范"不无关系。我们知道，"创新"不只是一种思想意识，更是一种认识水平，不只是一种方法，更是一种能力。当前，相当数量的学生认识水平不高、写作能力偏低，致使学生创新能力没有培养出来，个性品质没有形成，基本的写作"规范"却丢掉了。作文"创新"不是一句空话，若没有过硬的基本功，"创新"就无从谈起。因此，教师应要求学生作文从内容到形式要符合人们的认识规律,要用作文的基本原理、方法、技巧来"规范"学生作文。可以这样说,有了作文"规范"的船票,才能登上"创新"的客船。

(选自《阅读与写作》2001.11)

掀起你的盖头来
——谈作文创新的价值取向

伴随着新经济时代的到来,"构建创新教育体系,培养现代创新人才"成为推进素质教育、实现中华民族伟大复兴的主旋律。在作文教学中,培养学生的探索精神、良好的思维品质和正确的人生观,已成为广大教师的共识。我们知道,作文是学生精神家园一种有生命的、鲜活的、独特的灵奇建构。它是学生心智的反映,是人格内涵的体现,是学生内心情感的冲动,是物我两忘、天人合一的生命"物化"。可以说,写作文的过程是学生对生活创造与审美的过程,更是学生健康成长的过程。基于这样的认识,我认为作文创新的价值取向应包括以下几方面。

一、构建以人为本、"人""文"合璧的作文机制

在当前的作文教学中,不少教师受功利主义思想影响,作文训练多是"纯技术"操作,更多的时候,教师乐于从审题、立意、构思、技巧等方面去导引,而不考虑学生的真情实感,漠视生命主体的个性差异。如此一来,学生"套"出来的文章如枯枝败叶一般,毫无生气,展现在我们面前的是一篇篇溢满矫情、主题圣化的"套中文"。长此以往,学生纯真的童心便会丧失殆尽,健全的人格大厦也会渐趋倾覆。因此,构建以人为本、"人""文"合璧的作文机制已迫在眉睫。

作文教学,就是培养并提高学生运用民族语言表达自己思想情感的能力,而思想的形成就是运用民族传统道德和价值观来观察人、事、物的过

程，情感的升华就是从人、事、物之中参悟出了民族传统的道德、价值，或者是触发了带有民族思维特性的对自然、社会的感悟思考。作文训练，就是民族性思想、道德、心理、思维在学生心灵中得以巩固、深化、升华的过程。在这一漫长的精神家园的构筑过程中，教师应着眼于学生悟性、灵性和健全人格的树立，以培养学生正确的人生观。生活育人，作文育人，让每一个学生以追求美作为人生的支点，以热爱生命作为人生的理想。

二、作文训练是师生合作共进、双向互动的学习活动

另外，美国心理学家罗杰斯也强调，在教学过程中，只有让学生处在一种无拘无束、自由畅达的空间，他们才会尽情地"自由参与"和"自由表达"。在作文教学中，教师可否走下"圣坛"，让我们的学生去创设情境、点评作文；师生可否变换角色，先生下水，学生点评；教师可否打开自己带锁的"日记"，融化学生心灵的冰封，以心灵感受心灵，以感情赢得感情……

三、构建多向思维的灵活结构，培养良好的思维品质

相关研究表明，创新思维具有积极的求异性、系统的整体性和动态的灵活性等特征。因此，在作文教学中，教师应勇于打破传统的作文模式，着眼于构建学生多向思维的灵活结构，鼓励学生多角度地观察生活，发现生活的丰富多彩，捕捉事物的特征，力求有创意的表达。作为教师，应想方设法从形象思维、形式逻辑思维、辩证逻辑思维、批判性思维、灵感直觉思维等方面培养学生良好的思维品质，从立意的新奇、结构的精巧、语言的鲜活等方面锤炼学生思维品质的鲜明个性。在作文教学中，教师应善于营造探究的氛围，努力开启学生创新思维的泉眼，打开他们期待的视野，使之能够全身心投入写作，激起他们感悟生活的性情，从而书写出所见、所思、所感。

四、张扬学生的作文个性，构建独特的精神家园

长期的模式化作文训练和僵化的作文评判标准导致学生作文的人文性缺失，粉墨登场的更多的是一个个"装在套子里的人"，而不是有血有肉的、有灵性和个性的"个体"，不是独一无二的活泼泼的"自我"。冰心

说过,"这个世界是个性化的、自然的,是未经人道的,是充满了特别的感情和情趣的,是心灵的笑语和眼泪"。作文本身是一种个人的精神性实践活动,作文的创造性是个性发展的突出标志,有个性才有特色,才可爱。缺乏个性意味着缺乏创造性,缺乏魅力。因此,我们应发扬民主精神,不用固定的模式禁锢学生的思维,不用唯一标准衡量学生的作文,善待学生的"创见",创设发现自我、表现自我和实现自我的机会,让更多学生能够表现,让更多的学生陶醉在成功的喜悦中,让更多的学生拥有健康的心态、健全的人格和自信的人生。

五、引进"活水",激活学生的审美清泉

叶圣陶先生说过:"生活犹如泉源,文章犹如溪水,泉源丰盛而不枯竭,溪水自然活泼泼地流个不歇。"生活是作文之源,无源头活水,哪来鲜活的作文?于漪老师也说过:"要让语文教学有活泼的生命力,须放开眼看、竖起耳听,接受新事物,接收新信息,让时代活水在语文教育领域流淌。"

可现实却令人忧虑。迫于学习的压力,我们的学生长期受困于家庭到学校,再由学校到家庭的单调的直线式的生活,有些住校生更戏称之为"三点式"——教室、食堂和宿舍。这一现状,导致学生失去了拥抱自然、亲近社会、感悟人生的机会,如此一来,审美的家园便会失落,审美的清泉便会凝滞。

我们知道,自然万物、社会人生都负荷着无限的深意、无边的深情。当学生以自己的真情实感去体会生活、感悟美好,那么其笔下的一草一木、一山一水也就具有了活力,并凸现出精神的内涵。当学生对"徘徊枝上月,空度可怜宵"的妙谛有了自己的审美愉悦,当学生把自己想象成一棵小树,去享受幼芽发育或是柔条临风的那种快乐,当学生对身边的车来人往、世事变迁有了自己的价值评判,当学生对国际间的风云变幻、纵横捭阖有了自己的评说……总之,当时代的"活水"激活学生喷薄难羁的审美清泉,到那时,离写好作文还远吗?

(选自《山东教育》2003.04)

构建学生的精神家园
——对当前作文教学的思考

说到"精神家园",我总是想起塞林格的名作《麦田里的守望者》。一大群孩子在悬崖边的麦田里玩,麦田里有天真、童趣和自然,悬崖下是空虚和物欲的深渊。每当此时,"守望者"怀着忧虑之心,守卫土地,仰望蓝天。他守的是人类安身立命之土,望的是人类超凡脱俗的精神天空。

缘于此,联系当前的作文教学,就有了这样一个命题——构造学生的精神家园。那么,这块本应激情涌动、诗意盎然、馨香怡人的"麦田"现在到底是怎样的呢?

干涸的情感家园

在语文教育的大讨论中,作文教学中的问题是讨论的焦点。课程要求明确提出加强写作与生活的联系,重观察、重思考、重真情实感,要说真话、说实话、说心里话,不说假话、空话;鼓励想象和幻想,鼓励有创意的表达。但是实际上,不少学生作文已变成了与个体生命、心灵毫不相干的东西,失去了感人的力量,失去了亲近自然的魅力。很多学生的作文仅仅是"生活的复印件",写作的过程根本就没有惊叹、沮丧和战栗之类的情感因素生成。这样,写作主体鲜活而强悍的生命力,一个个活泼的"我"的灵魂,就难以在作文中映现。

当前,在作文教学中,灰色作文、虚假作文甚至病态作文竞相登场,其症结何在?有人将矛头直指应试教育,认为都是考试惹的祸。但我认为，这不仅仅是应试教育的问题，而是一种人文价值、人文底蕴流失的表现，是一种社会庸俗化、功利化的集中反映。周国平先生的一席话，抑或更能切中要害："畸形都市化堵塞了人与自然的交感，功利意识扩张导致人与人之间感情淡薄。情感体验失去个性和实质，蜕化为可模仿的雷同的流行歌词和礼品卡语言。"找到症结，而教正乏术，这是为师者的最大悲哀。然而若我们潜心与贤哲对语，或能寻得一剂良方。

司马迁曾说："诗三百篇，大抵圣贤发愤之所为作也。"狄得罗曾说："只有情感，而且只有大的情感，才能使灵魂达到伟大的成就。"缪塞曾说："最美丽的诗歌是绝望的诗歌，有些不朽的篇章是纯粹的眼泪。"如此说来，这些都是对情的肯定，都是情感驱动写作创造活动出现过的证明。

学生们的情感其实很丰富，为了真正发掘出他们的写作潜能，教师应引导学生热爱生活、深入生活，并坚持不懈地用心去观察、感悟、思索，给自然、社会、人生赋予生命的情感。只有这样，学生的笔端才会流淌出有灵性活力的欢歌，作文中才能站起有灵魂的生命"自我"。

失落的审美家园

"鸟鹊飞舞时我也飞舞，羚羊跳跃时我也跳跃，萤火和星光闪耀时我也闪耀，小树荡漾摇曳时我也荡漾摇曳……"这种物我交感，生命物化的情趣，如果时常出现在中学生作文中，那该多好啊！可是长期以来，很多学生的作文却是"苍白无力常徘徊，灵气美感又不在"，究其原因，作文教学的这一尴尬局面是写作主体"审美家园的失落"所致。

请看下面两则故事。

（1）阿尔卑斯山谷中有一条大汽车路，两旁景物极美，路上插着一个标语牌劝告游人说："慢慢走，欣赏啊！"许多人在这车如流水马如龙的世界过活，恰如在阿尔卑斯山谷中乘汽车兜风，匆匆忙忙地急驰而过，无暇回首流连风景，于是，这丰富多彩的世界便成为一个没有生趣的囚牢。

（2）苏格拉底和拉克苏相约，到很远很远的地方去游览一座大山。据说，那里风景如画。人们到了那里，会产生一种飘飘欲仙的感觉。许多年以后，两人相遇了，他们都发现，那座山太遥远太遥远。他们就是走一辈子，也不可能到达那个令人神往的地方。

拉克苏颓丧地说:"我竭尽精力奔跑过去,结果什么都看不到,真是太叫人伤心了!"

苏格拉底掸了掸长袍上的灰尘说:"这一路有许许多多美妙的风景,难道你都没有注意到?"

拉克苏一脸尴尬地说:"我只顾朝着遥远的目标奔跑,哪有心思欣赏沿途的风景啊!"

"那就太遗憾了,"苏格拉底说,"当我们追求一个遥远的目标时,切莫忘记旅途中处处有美景!"

瑞士思想家阿米尔曾说:"一片自然风景是一个心灵的境界。"一切美的光是来自心灵的源泉:没有心灵的映射,是没有美的。因此,欣赏者只有以其主观的生命情调与客观的自然景象交融互渗,才能成就一个山苍木秀、水活石润、渊然而深的灵境。

"泪眼问花花不语,乱红飞过秋千去",生活中有很多事物本来并没有灵性,可是如果"把我的情感移注到物里去分享物的生命",那么,无情的山水在有情人眼里也就充满了情趣和美感。朱光潜先生曾说:"自己在欢喜时,大地山河都在扬眉带笑;自己在悲伤时,风云花鸟都在叹气凝愁。惜别时蜡烛可以垂泪,兴到时青山亦觉点头。"有时,"睹鱼跃鸢飞而欣然自得,对高峰大海而肃然起敬,心情浊劣时对修竹清泉而洗刷净尽,意绪颓唐时读《刺客传》或听贝多芬的《第五交响曲》便觉慷慨淋漓。"因此,只有把自己的意蕴和情趣移于司空见惯的事物,才会使事物呈现人格化、情感化。

我们知道,自然万物、社会人生都蕴含着无限的深意、无边的深情。当学生以自己的真情实感去体会生活、感悟美好,那么其笔下的一草一木、一山一水也就具有了活力,并凸现出精神的内涵。培根说过,物质以其感觉的诗意的光辉向着整个的人微笑。

我们相信,当学生对"徘徊枝上月,空度可怜宵"的妙谛有了自己的审美愉悦,当学生能去分享蚌壳在一张一翕时那种单调生活的况味,当学生把自己想象成一棵小树,去享受幼芽发青或是柔条临风的那种快乐……总之,当学生寻回"失落的审美家园"时,离写好作文还远吗?

倾斜的文化家园

人类已跨入了 21 世纪，正在走向现代化，并正在尽情享受着现代文明结出的硕果，但随之带来的诸如环境污染、生态破坏、物欲越轨、人文淡化……的确令地球人不知所措。海德格尔曾诘问道："在技术化的千篇一律的世界文明的时代中，是否和如何还能有家园？"尼采更是悲天悯人："真的，我的朋友，我漫步在人中间，如同漫步在人的碎片和断肢中间……我的目光从今天望到过去，发现比比皆是的是碎片、断肢和可怕的偶然——可是没有人！"

怎样医治现代化"霸权"带来的"创伤"，不少学者认为，"天人合一""人我和合"的价值理想及其有机整体宇宙观和包含人情的人文主义，无疑是现代文明最好的医师。

以上种种，似与我们的作文教学风马牛不相及，其实不然。有这样两则幽默故事：一则故事中写，以大象为论题作文，德国人写的是《大象的思维》，法国人写的是《大象的情爱》，俄罗斯人写的是《俄罗斯的大象是世界上最伟大的大象》，中国人的题目则是《大象的伦常》；另一则故事说，一幢各族杂居的大楼失火，犹太人首先背出钱袋，法国人立即抢救情人，中国人则奋不顾身地寻觅老母。这两则故事自然只能当作谈资，绝不可套用于这些民族内林林总总的人们。但这些故事毕竟大略勾勒出了上述民族的特色：德意志民族重哲理思辨，法兰西民族重情爱，犹太人重金钱，俄罗斯民族重视民族自豪感，中国人重孝亲。总之，如斯大林在他的早年著作《马克思主义和民族问题》所表达的那样，各民族之间的差异，不仅在于他们的生活条件不同，还在于表现在民族文化特点上的精神形态不同。

在现存文化理论中，一派把文化界定为人类创造的物质和精神成果的总和，另一派则把文化理解为人的生存样态（胡适、梁漱溟就是著名的生存样态说持论者）。当代学者张岱年则认为"文化是人类在处理人和世界关系中，所采取的精神活动与实践活动的方式及其所创造出来的物质和精神成果的总和，是活动方式与活动成果的辩证统一"。张岱年曾简单地把人类存在的关系体系梳理为三大类：①人与自然界的关系；②人与人的关系；③灵与肉的关系。这三种生存样态，正是人类文化体系的构成。

  我们知道，教育突出以育人为本，以学生发展为本。那么，应该培养怎样的人呢？一句话，有文化教养的社会的人。这里的"文化"一词，不等同于一般意义上的文化知识。文化是什么？是使人超出机械、平庸生活的东西，是使人更有教养、想象力与创造力的东西，是使人更聪明、智慧的东西。换言之，文化是人的精神播种、开花、结果的园地，是人的心灵展现，是人道实现的场所。因此，教师应引导学生以多元的、开放的眼光投向大自然，投向社会，关注生命存在的意义。激发他们以主人的样态去倾注情感，赋予理性，让他们在作文历练中经历再社会化的洗礼，这种内涵为心理改造的洗礼，是能够唤醒人性、铸炼人格和产生智慧的。

（选自《中学语文教学》2004.03）

当前作文教学误区举隅

一、以"创新"为由头,淡化文体训练

近年来,高考作文试题"自选文体"的写作要求体现了开放性的特点,但也容易使师生产生一种错觉,以为"自选文体"就是淡化文体,不要文体。于是,在实际的作文教学中,有的教师指导作文"大撒把",具体到学生作文则是"把杂耍"。如此一来,学生作文中的"非驴非马""四不像"现象就司空见惯了。

看看当下的写作实际情况,有多少高中生达到了这样的目标:"记事物记清楚了,说道理说明白了;没有语法上的毛病了,没有论理上的毛病了;这就是像样。至于写得好,那是可遇而不可求的"(叶圣陶《中学国文学习法》)。

二、以"形式"为噱头,软化思想情感

钱理群先生认为,作文是师生互动的生命过程,它对于人的精神、思维、生存还有另一层意义,即是一个自我丰富与发展的过程。人正是通过写作将自己朦胧模糊的思想、情感、感受、体验明晰化,对零星、残缺的思想片段进行修正、补充,促进其发展,使其相对完整化与逻辑化,并外化为精美的语言与结构。

而实际的作文情况则是,很多学生是为他人立言,文中没有自己的态

度,也鲜有自己的声音,更多的时候,期望以花样翻新的形式夺人眼目,而不是靠增强文章的内涵取胜。例如,有的文章不管三七二十一,先在篇首来一段"题记"或名人名言,结果因与文章内容毫不沾边而显得不伦不类;有的则运用小标题的形式,反而把文章弄得支离破碎……

众所周知,形式是为内容服务的,不能只顾形式上的花样翻新而有损内容的表达。张耒在《东山词序》中就指出:"文章之于人,有满心而发,肆口而成,不待思虑而工,不待雕琢而丽者,皆天理之自然,而性情之至道也。"

三、以"开放"为说头,强化自由空间

新课标在"表达与交流"部分有明确规定:要鼓励学生自由地表达、有个性地表达、有创意地表达,尽可能减少对写作的束缚,为学生提供广阔的写作空间。

现实的情况是,学生手脚放开了,写作空间也广阔了,于是,不少学生网上摘一点,经典抄一点,自己凑一点;更有这样的教师,对学生语言之华而不实,思想之荒诞不经,听之任之,并以"开放"为说头,鼓励这种"自由表达"。如此种种,令人忧虑。

我们知道,作文训练就是对人的思维训练,作文过程就是人的感知、思考、想象、感悟等能力提高的过程。因此,"开放"与"限制"不可偏废,二者如鸟之两翼,缺一不可。

四、以"矫饰"为滑头,虚化主流文化

一批又一批中学生"凝着柔顺的眼神"落入了"迎合写作"的陷阱。有的为了迎合他人(家长、教师、考官……)的意志和社会主流文化,说大话、套话、空话、废话、假话;有的为了迎合社会流行文化,或陷入各种"伪写作"(伪伤感、伪抒情、伪天真、伪深沉,甚至是伪叛逆),或陷入消解一切的调侃与"寻开心"。

鉴于此,社会呼唤并期盼听到一种真诚、率性、自然的声音,而这种声音正如鲁迅所言:"说现代的、自己的话;用活着的白话,将自己的思想、感情直白地说出来""将自己的真心的话发表出来""有真意,去粉

饰，少做作，勿卖弄"。

五、以"见效慢"为赖头，弱化作文训练

当前，很多教师以见效慢为赖头，弱化作文训练，没有时间、精力的高投入，没有科学有序的作文训练与指导，如此一来，"写"就成了"读"的帮衬，作文教学因而走入了"沙化"的怪圈。主要表现在以下5个方面。

1. 无序化

没有统揽全局的作文教程，"临上轿临攘耳朵眼"，作文的随意化、无目标化表现突出。

2. 数量少

一学期只有几次大作文训练，没有系统、有序且大强度的训练，学生作文水平提高较慢。

3. 周期长

第一周作文，第二周讲评，需四个课时，战线拉得太长，这样，学生的新鲜感及参与的兴趣就会大打折扣。

4. 教师负担重

对学生作文精批细改，特别是给学生作文写评语，是一件费神费力且收效甚微的事情。

5. 学生压力大

因为作文次数少，反馈不够及时，作文训练的重点不明且无序，所以学生视作文为畏途。

（选自《语文教学通讯》2006.5）

材料作文写作指导

【教学目的】

材料作文审题立意的思维方法。

【教学重点】

运用多种思维方法从多角度分析材料,并在此基础上提炼观点(立意)。

【教学时间】

1课时。

【教学过程】

一、课程导入

千古文章意为先,情为文前,意在笔先。宋人评价苏东坡:"老坡作文,工于命意,必超然独立于众人之上。"作文如此,绘画亦然。

出示北宋画院两则考题,从诗情画意(意,即意韵,意境,意趣)的角度,引导学生比较鉴赏。

嫩绿枝头红一点

(一)画面上用红花绿叶来装点春色,或在绿荫丛中露出红花一朵,以扣题意。

(二)绿树成荫的亭阁中,一仕女倚栏而立,唯有其樱桃小口的一点红与翠枝绿叶相辅相成,从而点出了"红一点"的主题。

明确:第二幅画仕女凭栏而望,莫非心有所属?莫非愁绪难道?引人联想,惹人遐思。不但画意升华,而且审美空间大大增强。

竹锁桥边卖酒家

(一)画面上是一泓溪水,小桥横卧,桥边则是片枝叶疏落的竹林,唯有那郁郁葱葱的翠竹中,挂着一幅迎风招展的"酒"帘。

(二)正面刻画酒家,使之占据画幅中心,借涓涓细流、野渡小桥、竹林清风等作为烘托。

明确:第一幅画整个构图从"虚"入手,使人浮想联翩。酒家藏在竹林中,合"锁"意境,构思新颖,独辟蹊径。扣一"锁"字命意,正所谓空谷一字,万谷回音。

二、分析典型材料,总结思维方法

【例一】

闻一多先生说过:"人家说了再做,我是做了再说;人家说了也不一定做,我是做了也不一定说。"

闻一多先生的话带给你怎样的启示?请写一篇不少于700字的议论文,题目自拟。(2005年春季北京市高中会考题)

例一的角度和立意见表1-4。

表1-4 例一的角度和立意

角度	立意
人家说了再做, 我是做了再说;	a. 行胜于言 b. 鄙薄空谈,崇尚实干 c. 言行要一致 d. 既动口,也动手
人家说了也不一定做, 我是做了也不一定说。	a. 莫做说话的巨人行动的矮子 b. 只说不做于事无补 c. 只做不说事业有成 d. 桃李不言,下自成蹊 e. 大音希声,成就伟大

【例二】

阅读下面的文字，根据要求写一篇不少于 800 字的文章。（60 分）（2006 年全国高考作文）

一只老鹰从鹫峰顶上俯冲下来，将一只小羊抓走了。

一只乌鸦看见了，非常羡慕，心想：要是我也有这样的本领该多好啊！于是乌鸦模仿老鹰的俯冲姿势拼命练习。

一天，乌鸦觉得自己练得很棒了，便哇哇地从树上猛冲下来，扑到一只山羊的背上，想抓住山羊往上飞，可是它的身子太轻，爪子又被羊毛缠住，无论怎样拍打翅膀也飞不起来。结果被牧羊人抓住了。

牧羊人的孩子见了，问这是一只什么鸟，牧羊人说："这是一只忘记自己叫什么的鸟。"孩子摸着乌鸦的羽毛说："它也很可爱啊！"

要求全面理解材料，但可以选择一个侧面、一个角度构思作文。自主确定立意，确定文体；不要脱离材料的含义作文，不要套作，不得抄袭。

例二的角度和立意见表 1-5。

表 1-5　例二的角度和立意

角度	立意
乌鸦被牧羊人捉走	a. 要量力而行 b. 要正确认识自己 c. 找准位置发扬自我 d. 做自我才是更好的人生追求
孩子的话	a. 要勇于挑战 b. 有梦想才有可能 c. 要有点乌鸦的进取精神
辩证说理	认清自己，挑战自我
乌鸦模仿老鹰	模仿莫失其真

【课堂小结】

审题立意的思维方法：正面立论逆向思维辩证说理，由果及因的类比联想。

三、运用思维方法，审题立意练习

【材料一】

一小偷偷价值数十元的钢管扣件，被人发现后被追跳入池塘。当时有数百人围观，唯一出口被围观群众占住，小偷不敢游上岸，怕遭暴打。小偷沉下去溺死了，围观者还在讨论，这池塘有多大，有没有200平方米？（2007年1月31日《东南快报》）

材料一的角度和立意见表1-6。

表1-6 材料一的角度和立意

角度	立意
围观者	a. 见义勇为应有度 b. 我们需要大爱 c. 看客心态何时休
人的生命价值	a. 生命面前，人人平等 b. 生命的价值不因做了坏事而贬损

【材料二】

一片树叶在空中与一只鸟并排飞着。"瞧，我能像你一样飞啦！"树叶十分得意地对鸟说着。一会儿，风停了，鸟仍在飞着，而树叶却一头跌入了下面的河里。

这个小故事告诉我们一个什么道理？

材料二的角度和立意见表1-7。

表1-7 材料二的角度和立意

角度	立意
风停了，鸟仍在飞着，而树叶却一头跌入了下面的河里	a. 事物发展的关键取决于内因 b. 人只有最终依靠自己的力量，才能成功 c. 只有自身具备能力方可实现理想

四、课堂小结

【教师范文两篇】

生命至上

一个年轻的生命就因为偷价值数十元的东西而溺死池塘,而围观者却占住出口,无一人伸出援手,事后还做无关痛痒的"赏鉴"。读着这样的文字,心情是沉重的,试想,年轻人留给"赏鉴"者的泪眼,应包含着懊悔、依恋、绝望和憎恨吧!数十元的东西与鲜活的生命相比,孰轻孰重,我认为,生命至上。

也许有人会说,这个年轻的生命毕竟是小偷啊。不错,年轻人是犯了错,但并没有到杀人越货,十恶不赦,人人得而诛之的地步。人非圣贤,孰能无过,过而能改,善莫大焉。然而,我们的同胞并没有给这个年轻的生命以改过的机会。同情、宽容,对生命的尊重,此等人类的良知和理性,在年轻的生命沉塘的绝望瞬间,似乎化为乌有了。呜呼,我无话可说!可是,当一个族群视他人的生命如草芥时,当一个民族普遍丧失对神圣价值的信念时,我想,如此的"赏鉴"者便可能相当多地滋生出来,从而成为触目惊心的颓败征兆。

巴金说过,在这人间,灯是不会灭的,我想,这灯有许多盏。其中,必定有人类对一切生命的同情、宽容和尊重,也一定有生命至上的价值信念。假如围观者在小偷跳入池塘之际,能及时伸出援助之手,即便是先让小偷上岸,再依法惩处,那么,一个人的生命,就得到了最起码的尊重。可以想象,一个珍惜、尊重人类生命的族群,其中每个人对于自己的生命是更负责任的,饱有同情、宽容的民族,才是真正伟大的民族。

一个人生命的价值,并不因其做了坏事而有所贬损,对一个小偷而言更是如此,因为生命至上。

无聊的看客

小偷被追跳入池塘,岸上数百围观的群众可能确有见义勇为者,应该说围堵小偷是见义勇为,这种精神也一直是我们褒扬的,但"勇为"应有个度，若超过了这个度，结果可能适得其反。现在，小偷被围在池塘里活活淹死，而围观者无一人援手，这不能不说是群体冷漠下的"谋杀"了。更有甚者，当小偷沉下去溺死，而围观者还在讨论，这池塘有多大，有没有200平方米？我敢说，这样的人则是无聊的看客。

当无聊的看客"鉴赏"小偷溺水这一瞬间的盛举时，我深信：不相信神圣的人，必被世上一切神圣的事物所抛弃。一个年轻的生命逝去是不算什么的，更何况是一个被人追逃的小偷呢？但静言思之，这个事件特别是无聊的看客留给我们的思考是深刻的，"宽容，在更多的时候犹如海上的灯塔，若能为他人重新点燃生命的希望，我们自身也将收获一份坦然，一份幸福，这该是怎样的一种温暖啊。"读着弟子们如此的文字，感受着他们悲悯的情怀，我笑了。

（选自《语文教学研究》2007.05）

从"规则"到"北京的符号"
——也谈北京卷作文的区域特色

北京市从2002年单独命题以来,其作文试题一直定位于概念型话题或命题,特色十分鲜明。特别是在体现区域特色,反映厚重的地域文化方面,可以说是独树一帜。其实,这也是各省市单独命题的要旨之一,是命题者努力追求的目标。现就2002—2006年北京卷作文的区域特色做一概述,以期有益于备考。

2002年话题作文"规则",其背景是中国加入了WTO(世界贸易组织)后,我们面临的挑战是空前的,其中之一就是规则的转变。根深蒂固的落后观念要转变,垄断与地方保护也将被打破。新的规则,将带给国人以阵痛,将带给中国新的活力。生活在北京这个国际化大都市中的人们对自己的生存状态(人与自然、人与社会、人与自我)更应该思考或忧虑。这个话题,可从正面立论,例如,"要尊重规则""顺应自然规则""不以规矩,不成方圆",也可辩证说理,如"守适时之规,破过时之则""可变的规则为真正的规则""规则的变与不变"。

考场作文片段(一)

当北京与举办2000年奥运会的机会失之交臂时,我们失声痛哭。然而,我们懂得了申办奥运的一个"游戏"规则,那就是"优胜劣汰,择优而任"。于是人们挥洒汗与泪来建设北京,政府不遗余力地支持北京,终于使山明水秀,空气清新,市民文明,交通方便,经济繁荣的历史古都北京以幽雅的姿态闪亮登场,使北京这响亮的名字在 2001 年 7 月 13 日晚响彻全世界。从那时起,"优胜劣汰,择优而任"的规则更深地印在我们每个人的心中。于是这"规则"便更加活力四射,生机勃勃。原来"哺育规则"需要我们为之付出如此多的泪水与汗水。

"规则"是个顽皮的孩子,当他调皮时,就需要人们来"调教"。随着时代的发展,人类的生产力不断进步,因而人类的思想也在发展。当一些"规则"不适应时代的脚步时,人们就要适当地修改它,不能墨守成规,而要勇于创新,使其为人类、为自然的发展发挥积极的作用。

中国加入 WTO,是我们几十年来追求的梦想。而今梦圆,我们倍受鼓舞,因为这能促使我国的经济发展向前迈进一大步。然而,WTO 的"规则"中有一部分会给我国对外贸易的发展带来不良影响,于是经济学者、法律专家聚在一起,商讨如何修改我国有关法律,使之适应国际市场,为我国营利。可见,适当修改"规则"是大有必要的。

2003 年北京卷是以命题形式出现的,题目是"转折"(事物在发展过程中改变原来的方向、形势等)。在社会不断变革、曲折发展的历史进程中,具有转折意义的事件很多,因而命题具备广泛的取材立意空间,写作起来难度并不大。命题者意在引导学生关注世界、关注社会、关注人生,写"转折",就是写对事物结果的再认识。在社会生活和个人经历中的诸多"转折"中,有的是由逆境转为顺境,有的则是由顺境转为逆境;有的是合规律的,有的是逆潮流的。考生可以抓取导致"转折"的特定事件(转折点),阐述在改造世界、改造自我、扭转"乾坤"的活动中发挥主观能动作用的重要意义;可通过转折前后的对比,探寻转折的规律,总结转折的经验或教训。

考场作文片段(二)

记得林清玄说过:"人生的路上,并不是你在哪里放上一个门框,哪里就是唯一的出口。你可以向左向右转个弯,去寻求生命的出口。"是啊,我们的生活之路一定不是平坦笔直的。有的转折也许是不情愿的,就如自己孩提时得知要离开居住已久的城市迁往北京时,心中的那份不快一样,不愿意离开相处已久的亲朋好友,对每一条街道,甚至是街边的陌生人都有一分不舍，毕竟没人愿意面对离别。到了北京后慢慢地适应了，认识了新朋友，生活有了新的精彩。这样的转折，乍看不美好，似乎是一种结束，如今想来，反倒觉得是一个起点。

生活中的转折，或快乐或痛苦，我们都应该微笑面对。生活本来就有起有落，我们也应该如此看待生活。愿一个个转折为你我交织出一条值得回味的生活之路。

应该说，2004年的作文题"包容"是令人称道的，看到"包容"，能自然使人想起北京这一古老的都城，使人想起从历史到今天各路人等云集北京的场面，使人想到北京人包容一切的博大襟怀。包容是一个人、一座城市乃至一个国家修养的体现。可以说，北京就是一个具有包容精神的城市，中国就是一个具有包容精神的国家。2004年的作文题弘扬的是一种人文精神和一种民族精神，传承的是一种民族文化。

考场作文片段（三）

说到"包容"，我们自然就会想到时任北京大学校长蔡元培先生提出的"兼容并包，思想自由"的主张。这几年，我们颇有点谈"自由"色变，所以，这"兼容并包"也就不怎么提了。

但是，不久前，北京大学金开诚先生写了一篇《漫话校训》的文章。文章说：清华大学的校训为"厚德载物，自强不息"，北京师范大学的校训为"学为人师，行为世范"，都令人大为激赏，但是作为在北大长期工作和学习的北大人，金先生竟不知道北大有什么校训。

不知道北大校训的金先生，却记得蔡元培先生的"兼容并包"。但金先生惜墨如金，将蔡元培先生主张中的后四字给惜掉了。

……

能够撑船的大肚里，什么不能包容呢？丑恶、阴谋、肮脏、污秽、苦难、磨砺、失败、挫折……一切都可以承受，一切都可以包容，方显得我们的伟大、宽阔、坚毅与坚强。一点小小的风波，几声低低的议论，我们都以为大敌当前；飘下轻轻的树叶，洒落微微的细雨，我们都以为会砸破脑袋，那样才真是显得可笑！

我以为，北大完全应该理直气壮、正大光明地以"兼容并包，思想自由"为自己的校训，它较"厚德载物，自强不息"，较"学为人师，行为世范"，一点都不逊色，反而有胸怀天下、包容宇内的气度与胸襟。

北大人能如此，中国人就何以不能如此呢？

2005年的北京高考作文题是"说'安'"，要求考生"写一篇议论文"，文体的限制使考生、教师始料不及，引起了广大高中教师尤其是高三教师的关注。尽管限制文体的做法显得稍微有些急躁，考生感到有些突兀，但针对当前作文的"四不像"现象，以及有些考生在作文中胡乱编造故事的现象，应该说"说'安'"的命制具有规范和积极的导向作用。从内容上看，"说'安'"这一文题，贴近现实生活，具有强烈的时代色彩。作为泱泱大国的首都，"安"之于北京，其重要性和丰厚的内涵自不待言。中华民族几千年的历史证明了"安"的重要，当前国家提出构建和谐社会，实现民族伟大复兴的事业更使人认识到了"安"的重要。"安"是社会发展的基础，是中华民族世代期盼，世代为之奋斗的理想。

考场作文片段（四）

古来有云：修身、齐家、治国、平天下。可见，古时之人就把修身放在了第一位。我也认为：安家、安国、安邦，必先安心。

志者，必先安心。有志之士，必先有心。确定心之所向，志向也将势如破竹地冲破一切阻碍，成就一番事业。诸葛亮忠义乾坤世人皆知，一句"鞠躬尽瘁，死而后已"便把"卧龙"这个名字照得亮堂堂的，诸葛亮将心安在了汉室统一上，最后虽然"出师未捷身先死"，但是后人永远将佳话围绕在他身边。元帅岳飞将心安在大宋，一首《满江红》，歌出了"精忠报国"的英雄气概，志者，安心，心如磐石……

安家、安国、安邦之人，必先安心。将心安如磐石的人是"志者"；将心置若冰清的为"治者"；将心比作镜湖的必为"智者"；将心看似苍穹的实作"知者"。

安心、安家、安邦，之后安天下。

2006年以地域文化为特征的命题作文——北京的符号，尽管出乎很多考生的意料，但对于一个你生活环境中熟悉的东西，甚至说已内化成你生命因子的东西，你没有理由不知道。什么是北京的符号？

北京不仅有颐和园、故宫、十三陵等一批世界文化遗产和文化古迹,也有四合院、胡同、北京烤鸭等特色招牌,还有以中国国家博物馆、中华世纪坛等为代表的新建筑,这些都是北京的符号,不胜枚举。它们以浓厚的北京气息,记录和演绎着这座有着3 000年历史的古都风貌。

北京不是只有以"物"的形式留下的符号,天桥的杂耍、胡同的小贩吆喝、琉璃厂的书画、老舍的作品也早已成为北京的符号。具有重要现实意义的是,北京作为2008年奥运会的举办城市,"奥运之城"则成为它的符号。北京将在奥运序曲中,打造出鸟巢、水立方、奥运村等一批符号建筑,涌现出全国劳动模范李素丽、优秀法官宋鱼水等新北京的符号人物。

应该说,较之以往,2006年北京高考作文题的地方特色更加凸显。要解读北京的"符号",必须抓住一点写,要写出自己的感受或看法。中学课本入选的《胡同文化》可以说是解读北京"符号"的典范文章。话题材料,其实已为我们提供了很多的写作思路。历史文化、民俗风景、生活意识、发展前景等都可以入文。

考场作文片段(五)

是钱钟书曾居住的三里河的寓所吗?一位学贯中西的硕儒,不求闻达的学者,"嘤其鸣矣,求其友声",大儒已逝,但后人瞻仰,仍能感受到那严谨的治学之风。踱步走过,仿佛看见一盏孤灯下,独编《管锥编》的身影。

走过鲁迅曾居住的八道湾,四合院里那株紫藤还开得正旺,侍候周家一辈子的老用人张淑英依旧踮着小脚穿过庭院,守着周家的故宅,向前去探访的客人唠叨着大先生和二先生。

走过史铁生在迷惘失落时徜徉徘徊的地坛,千年的古柏沉默不语,葱茏蓊郁,回望一眼,月季正开得烂漫,蝶儿正舞得热烈,仿佛母亲深情注视的眼光。

走过城南的陶然亭,高君宇和石评梅安然沉睡,青山无语,碑上刻着他们的墓志铭:"我是宝剑,我是火花,我愿生如闪电般耀亮,我愿死如彗星般迅忽"。陶然亭无语,停滞了峥嵘岁月。

走过明城墙、钟鼓楼,就仿佛听见梁思成先生痛心的话语:"一个东方的文明古国，倘若在建筑上失掉自己的特色，是大大有碍观瞻的"，又仿佛看见林徽因与北京市市长吴晗争执时的黯然神伤、潸然泪下。

什刹海畔，有储安平"一万分的失神，一万分的慌张"；昆明湖边，有金岳霖的谈笑风生；荷塘月色下，有朱自清的抒怀。我走过窄窄的小巷，穿过长长的胡同，穿过深深的庭院，处处都是文化的气息，处处都是深藏不露的符号文化。

综上所述，北京卷作文既有文化古都的历史底蕴，又有政治首都的时代色彩，还有北京四合院式的胡同文化的整饬，作文题目大气、传统、规整、包容、沉稳，的确有点博大精深的味道，"京派"特色十分鲜明。

（选自《语文教学研究》2007.06）

第二部分：教学实践篇

素材·思想·写作

如何把素材转化为我们的思想？

俗话说，巧妇难为无米之炊。同样的道理，作文要有内容，要有许多材料，就需要我们积累素材。所谓素材就是文学、艺术的原始材料，就是未经加工和提炼的实际生活现象。"素材"一旦进入文章之后就成为"题材"，构成文学和艺术作品的材料。

那么，素材应该怎样积累呢？常用的方法有两个：一要善于从生活中去汲取精华，养成仔细观察生活的习惯；二要在经典阅读中吸收和积累，要善于挖掘经典的写作价值。然而，让人头痛的是，有了素材却也写不出文质兼美的文章。这是为什么呢？怎么才能解决这一问题？梁启超先生说过，写作文必须先将自己的思想整理好，然后将已整理的思想写出来。今天，我就跟同学们说说素材如何转化为思想。

例如，有这样一个作文题，先给了一段导语：时任故宫博物院院长单霁翔，人们尊称他为故宫的"掌门人"，他自称是"守门人"。他说，一定要看护好故宫的古建筑和众多藏品。我们这一代人要上对得起祖先，下对得起子孙，保护、传承好中华民族的传统文化。

然后提出了写作要求：自拟题目，写一篇记叙文。可写人，可写物；可实写，可想象。只要故事完整，描写合理。

以一篇作文为例，分析一下作者是如何把作文素材转化为自己的思想的。

作者在文中用到的素材可以概括为一个人和一件事。一个人，就是曾获得感动中国 2017 年度人物的西藏农民央宗。一件事，就是央宗和姐姐卓嘎一家，几代人在玉麦放牧守边的故事。

占有了第一手材料只是解决了写作内容"料"的问题，那么，作者是怎么结合题意，进一步加工创造，从而形成自己的故事呢？这位同学是从叙述视角、内容剪辑、虚构情节三个方面写的。

第一，叙述视角。作者积累的素材来自《扎根雪域边陲的格桑花》一文，文章记述了卓嘎、央宗姐妹一家几代人在玉麦放牧守边的故事，原文采用第三人称的形式客观地叙述故事。作者又是如何叙述故事的呢？改变原文的叙述视角，由第三人称改为第一人称。"我"是一个纪录片导演，文章以"我"的所见、所闻、所思为主线，重点叙述"我"对央宗的访谈，借央宗阿爸的话，揭示守护的意义。"我阿爸说，玉麦是祖宗留下的土地，要好好守护。""阿爸还说，玉麦是祖国的领土，守住了玉麦，就是守住了祖国的领土。"

第二，内容剪辑。基于卓嘎、央宗姐妹一家几代人在玉麦放牧守边的故事背景，剪辑创作，侧重叙述央宗及其阿爸、儿子、孙子一家四代人坚守，而姐姐卓嘎在玉麦生活、成长、守护的故事大多被裁剪掉了。

第三，虚构情节。央宗的孙子即索郎顿珠的儿子的出生，原材料是没有这个情节的，这是作者在原材料的基础上想象的情节。这样的安排为守护故事凭空添加上浪漫的尾巴，守护的职责代代传承，升华了文章主旨。

作者很巧妙地把自己平时积累的故事转化成了自己的思想，又变成了作文题材。那么，我们可以从这篇优秀作文中获得哪些启示呢？

首先，占有素材，解决"材料"的问题，这需要我们积累、阅读、留意生活中发生的事情，还要留心其他学科中是不是也有故事可以放入作文中。

其次，根据题意，寻找材料与题意的关联点，确定立意。这是很关键的一步，只有找到材料与题意之间的关联，我们才好下笔。找到了关联点还不够，我们要对材料进行加工，如何加工？常用的方法有以下几个：第一，在内容上做删减，根据立意来决定删什么、留什么；第二，做人称的转换，哪种人称利于我们讲好这个故事就用哪种；第三，可以适当虚构情节，发挥想象力，当然，这也要符合立意。

总结一下，要先积累素材，再由"材料"提炼出思想，与作文题意做嫁接，变成统摄文章的主脉，最后有逻辑地把故事写出来。

最重要的一点是找准材料与题意的关联点，这是生发新思想最重要的环节。阅卷者也最看重这一点。很多时候，拿到一个作文题，你可能感觉无话可说，或者无从下笔，或者立意肤浅，那么，问题的症结在哪里？就是材料和题意之间没有打通，他们之间隔着厚厚的壁垒。

那么，如何解决这个问题呢？我的建议是，在占有素材的同时，要学会分析判断，提炼属于自己的思想，而洋洋洒洒上万言的素材，通常的情况下，经过你的加工，可能只有上百字，也可能就是几句话。只有在输入—提炼—输出，再输入—提炼—输出的思维循环过程中，才可能成为一个独立的思考者，一个叙述故事或论证说理的高手。

比如，对于熟悉的互联网、人工智能，你有着怎样的思考呢？我写了一段文字，希望能给你一些启发：科学不会自动造福于人类，要使科学造福于人类的目标真正实现，人类必须把对科学的运用置于正确的伦理控制之下。否则，科学只能成为把我们推向灾难深渊的帮凶。

这段话，你可能会说太深刻了，它其实是我读了《科技发展的伦理约束和科学家的道德责任》等文章整理出来的，希望你也成为一个成熟的整理者。梁启超先生曾说，作文必须先将自己的思想整理好，然后将已整理的思想写出来。

我们现在说的积累素材、整理思想，对记叙文写作有帮助，对议论文写作更是大有裨益。平时，同学经常问老师这样的问题，一篇作文什么最有价值？我一般会说，你的视野、格局、境界，最重要的是你的思想。

总之，将素材转化为思想的过程，也就是积累材料、提炼加工、内化思考、形成判断、再切合题意进行艺术创造的过程。

［例文］

阿爸的话

2018 届高三（2）班　项昱雯

我看着眼前皮肤黝黑得发红，身形挺拔，目光清澈而炯炯有神的藏族小伙，他正带着我去他那被雪山环绕的美丽家乡，去拍一部关于他们家族的纪录片。

下了火车，我便被这世界屋脊上的绝世美景所震撼：一碧如洗，不掺任何杂质的天空和远处若隐若现，巍峨又雄伟的雪山，此刻，我明白了为何这片偏远的土地会孕育出仓央嘉措这样的浪漫诗人。坐着越野车在蜿蜒起伏的小路上走了几个小时，我终于来到了顿珠家的门前，他的母亲央宗捧着洁白的哈达迎接我们的到来。

这个地方叫玉麦乡，四面被雪山环绕，外面的人难进来，里面的人也难出去，可以说是高原上的"桃源"，也正是这个地方，央宗与她的父亲，守护了一生。

时间回到五十年前。央宗的父亲，一位高大健壮的藏族汉子，同时也是玉麦乡的乡长。那个冬天格外的寒冷，暴雪下个不停，村中的粮食就要消耗殆尽，而乡外的运粮车却翻不过雪山。乡民们没有办法，只能拖家带口地远离乡外。央宗的父亲带着妻子与两个幼小的女儿也离开了玉麦乡。雪山外的生活固然温暖，但令央宗父亲魂牵梦绕的还是那被雪山包围的玉麦乡。终于，老乡长坐不住了，带着家人回到了玉麦乡，守着这片祖宗留下的土地，一守就是三代人。

"我阿爸说，玉麦是祖宗留下的土地，要好好守护。"央宗对我说，她眼角的皱纹仿佛要开出一朵花。"阿爸还说，玉麦是祖国的领土，守住了玉麦，就是守住了祖国的领土。"她的话中透露着自豪与激动，说着便把我拉进房间，从柜子里珍重地拿出一个积满灰尘的盒子，盒子里躺着一面缝制的五星红旗。"这是我阿爸缝的"，她用手抚摸着红旗，目光中透露着怜爱。我郑重地用摄像机拍下了这面红旗。央宗说，这面红旗曾飘扬在被印度人侵占的雪山上……透过这面红旗，我仿佛看见了那个健壮的藏族汉子攀登雪山，驱赶敌军、放牧草场的身影，眼中噙满泪水。

这时，一道哭声划过寂静的空气，顿珠的儿子出生了，他是这个家族的第四代人。为了纪念这一时刻，我前去为他们摄影留念。年轻的父亲握着孩子的手，对他说："你也要守护玉麦乡啊。"

我的镜头又模糊了。

我们的生活中不乏像央宗一家这样的守护者们，例如非物质文化遗产的继承人们……他们或平凡或伟大，最重要的是，他们守护住了一个国家、民族传承下来的东西，在这个商品大潮冲击、传统文化丧失、国家与国家被同化的时代，留住了属于中国的色彩。

将素材转化为思想

所谓素材,就是文学、艺术的原始材料,就是未经加工和提炼的实际生活现象。"素材"一旦进入文章之后就成为"题材",构成文学和艺术作品的材料。从写作议论文的角度来说,所谓素材,就是平时我们积累的事实论据和道理论据。

作文要先占有素材,分析判断,提炼思想。那么,素材如何转化为思想呢?简而言之,也就是积累材料,提炼加工,内化思考,形成判断,再切合题意进行创造的过程,即输入—提炼—输出。梁启超先生在《中学以上作文教学法》中也谈到,作文必须先将自己的思想整理好,然后将已整理的思想写出来。

例如,以下是高三(2)班王静萱积累的素材,从写法的角度讲,该生在占有材料的基础上确定叙述视角,设计矛盾冲突,然后根据题意提炼思想进而虚构情节,塑造了一位鲜活的科学家形象——钟国强。

积累素材举例:

"一个民族总要有一群仰望星空的人,他们才有希望。"(黑格尔)

航天精神:"特别能吃苦、特别能战斗、特别能攻关、特别能奉献"。

探月精神:"追逐梦想、勇于探索、协同攻坚、合作共赢"。

"嫦娥五号"实现地外天体采样返回,"天问一号"开启火星探测,"奋斗者"号成功坐底,北斗卫星导航系统全面开通,中国空间站天和核心舱成功发射……一项项突破,彰显着近年来我国科技创新所取得的历史性成就。

"身在神州，眼望星光。心底有诗，自在远方。"说到诗意，中国航天的名字，有着专属中国人的浪漫内涵。探月工程叫"嫦娥"、月球车叫"玉兔"、全球定位系统叫"北斗"、空间站叫"天宫"、火星探测器叫"天问"……作为世界四大文明之一，中华文明拥有无数神话故事和历史传说，它们与中国尖端高科技擦出火花，使得中国航天就此有了"传统"和"现代"的意蕴。把载人航天飞船取名为"神舟"，更是把美好的寓意碰撞个满怀。"神舟"与"神州"同音，当火箭升空时的地动山摇之声响彻在无数中国人心中，航天圆梦的自豪感已经涌动在祖国大地各个角落。既是"腹有诗书气自华"，也是"敢教日月换新天"，带着这份文化自信和航天诗意向着太空之路去披荆斩棘，我们更能"击破万里苍穹"。

……

【试题回放】

作文（50分）（2021年北京海淀期末）

"举头忽见衡阳雁，千声万字情何限""青山缭绕疑无路，忽见千帆隐映来""忽见严冬尽，方知列宿春"……生活中，"忽见"往往能触动我们的心灵，引发我们的思考。

请以"忽见"为题，写一篇记叙文。

要求：思想健康，叙事合理；有故事，有细节。将题目抄写在答题纸上。

[例文]

忽　见

2021届高三（2）班　王静萱

"这次来贵国期间，我被你们的进步所感动……"那只是一条看似不起眼的朋友圈，忽见，却让钟国强的手忍不住颤抖。那是他移民美国的大学同学回到了中国这家科研交流所，刺眼的"贵国"二字让钟国强的内心格外地悲凉。他不顾其他同学所谓"将'归国'误写成'贵国'"的苍白开脱，叹了口气下楼。习惯性地回过头，却又忽见科研交流所门上的横幅——科学无国界。

他怔住了。

二十年前，他曾第一次站在这横幅下，以一个中国大学毕业生的身份与各国学术界的精英齐聚一堂，那时他感到自卑。当时的中国一穷二白、科技水平远远落后于世界各国，钟国强黯然失色。但当他第一次抬起头，忽见这"科学无国界"的巨大横幅时，他竟有丝小小的窃喜——科学无国界，我是一名世界公民，科学家的职责是为世界百姓谋取更好的生活。放眼于全人类的我，又有何对本国的自卑可言呢？那次忽见后，他总是小心翼翼地用"科学无国界"来让自己避开"中国科学家"的名号。"我本也该如此，可为何今天再次忽见那五个大字，心底油然而生的却是一种讽刺与悲伤？"

他的思绪被一通电话拉回了现实。

"国强啊，这二十年来你的科学实验成就大家有目共睹……咱们那个国际合作团队的，想让你去美国工作。但……但你可能需要办张绿卡了。那里工作条件比国内……"国强沉默了。不知何时领导早已挂了电话，也不知何时他又把车开回了交流所的门口。一楼展厅外，月光下，"科学无国界"五个字闪着苍白的光。

他独自走入展厅，却发现自己条件反射般地走到了那印着五星红旗的展柜——1994年接入互联网，2003年神舟五号载人飞船……2020年"嫦娥五号"探月成功……他似乎回忆起了这二十年来，他亦总是如此只身前往中国的展柜，看着这里从一片空白到满是记录、硕果累累；他也记起二十年前他看星空璀璨却没有一颗中国卫星时的悲伤，记得去年北斗"天网"运行时他的喜悦——原来他，从来不曾忘记，也从来没有丢下过自己的爱国情怀。纵使他百般逃避，二十年来他从不忘建设自己的中国。一个声音洪亮地响起——"我是钟国强，一名中国的科学家。"

坚定地走出大门，编辑着回绝领导的信息，他再一次回头。忽见那"科学无国界"的横幅后似乎多了点什么，在夜色中闪着耀眼的光芒。

——科学无国界，但科学家有祖国。

点评：

这篇优秀作文给我们的启示有以下几点：

（1）基于历史或现实背景立意，指向现实性情思的抒写；避免胡编乱造。

（2）以真实的故事为素材，提炼加工，创造性地叙述故事，而非复制故事，进而形成自己的价值判断和精神追求。

（3）考场优秀记叙文：立意高远，故事波澜，人物丰满，语言成熟。

一个方法教你写好概念型作文

简单说来，高考议论文大体上分两类，一类是命题作文；另一类是材料作文。

以命题形式呈现的，有概念型作文和关系型作文。所谓概念型作文，就是命题只有一个概念，或一个单独的词语，比如"纽带"；而关系型作文，就是命题出现了两个或两个以上的词语或短语，比如"仰望星空与脚踏实地""新时代新青年""文明的韧性"。

以材料呈现的就是材料型作文了，大致包含两个部分：一是材料，二是写作要求。

近几年全国卷出现了一种新情况，就是在材料和写作要求之外，还多了一个写作任务，我们把它叫作任务驱动型作文。它其实就是从材料作文题引申出来的一种新的题型。

概念型作文应该怎么写？

什么是概念型作文？很简单，就是指作文题目仅仅是一个概念，一个单独的词语，比如，2014年北京卷"老规矩"；2015年天津卷"范儿"、江苏卷"智慧"；2017年北京卷"纽带"、上海卷"预测"等，这些作文题就是明确提出了一个核心概念——一个词语，让你围绕这个概念写文章。

这是高考作文的一种常规题型。很多同学都被这种题型难住了，不会界定核心概念，也不能紧扣概念进行论述。作文中存在着很多问题，比如对概念的解说似是而非、概念界定不合逻辑、概念界定和后文论述不统一等。

本部分内容介绍应该如何界定概念，概念界定后又如何紧扣核心概念展开论述。

1. 如何界定概念

所谓界定概念，就是要明确这个概念的内涵和外延。概念的"内涵"，指的是一个概念所反映的事物的本质属性的总和，也就是概念的内容。概念的"外延"，则是指一个概念所确指的对象的范围。

举个例子，当我们看到《习惯》这个题目的时候，怎样界定它呢？首先应该确定它的内涵，习惯的内涵是指长时期逐渐养成的，一时不易改变的行为倾向和社会风尚；它的外延比较广泛，可以是一个人的习惯，可以是一个民族的习惯、习惯产生的根源，还可以是习惯的作用和弊端。

我们写文章时，常会用到理性概括和感性描述的方法对概念进行界定。

界定题目中的核心概念，不是要进行纯科学式的定义，它可以是根据自己的理解做出较为理性的界定，也可以通过设置情境，从而展开联想，进行比较感性的描述。至于选择何种风格，要根据文章主题和主体内容来决定。

比如，文化是什么？既要有理性概括，也要有感性描述。

理性概括——《现代汉语词典》定义：人类在社会历史发展过程中所创造的物质财富和精神财富的总和，特指精神财富，如文学、艺术、教育、科学等。

感性描述——文化是随便一个人迎面走来，他的举手投足，他的一颦一笑，他的整体气质。他走过一棵树，树枝低垂，他是随手把枝折断丢弃，还是弯身而过？一条满身是癣的流浪狗走近他，他是怜悯地避开，还是一脚踢过去？

再举一个例子，对于"宽容"这一概念，我们可以理性概括为：宽大有气量，不计较不追究，包涵，原谅。安德鲁·马修斯在《宽容之心》一文中则对"宽容"进行了感性描述，他说："一只脚踩扁了紫罗兰，它却把香味留在那脚跟上，这就是宽容。"这样界定概念不仅能够启人心智，还能让人过目不忘、终身铭记。这不仅得益于认识的高度，也得益于形象化表达的魅力。

简要总结，概念界定通常使用的方法是明确这个概念的内涵和外延。在平时的写作实践中，经常用到理性概括和感性描述的方法。那么界定概念时还要注意些什么呢？一是核心概念界定，一定要清晰准确，它是写作议论文的起点，也直接关系到议论文写作的质量。二是概念界定的语言，既可以理性，也可以感性，但前提是一定要合乎逻辑和情理，不能任性为之。另外，还要特别注意辨析相近的概念，仔细厘清内涵。

2. 如何紧扣核心概念展开论述

以"源泉"这一作文题目为例来讲。这个题目的核心概念自然是"源泉"二字，要对这个概念进行界定。有同学想到，源泉指水的源头，也可以比喻事物发生的根源，巴金曾说："生活的确是艺术创作的源泉，而且是唯一的源泉。"那么外延呢？源泉可以是有形的、物质层面的，也可以是无形的、精神层面的。

界定概念之后，我们就要紧扣着它进行论证了。我把这个过程分为五个步骤：展开联想，确立联系，正面立论，反向追问，总结全文。

第一，展开联想。由"源泉"的语义（水流开始的地方），我们可以联想到水源、源头活水、饮水思源、源远流长等；由"源泉"的引申义，来源、根源，我们可以想到，推本溯源、财源、资源、人力资源等；还可以由"溯源"谈起，追寻生命（文学、艺术社会、民族）的源泉，等等。

第二，确立联系。通过"××是××的源泉"这一句式展开思考，追根寻源，思考事物间的联系，找到隐藏在事物背后的、隐性的、不为人所知的源泉，如生活是艺术的源泉，故乡、祖国是人生的源泉。

第三，正面立论。这一步是文章的主体部分，它需要作者围绕"源泉"的特点或作用，展开深入思考，正面来谈源泉的价值意义，提出一些有价值的问题，如源头清才成清流，源头浊则成浊流；问渠那得清如许？为有源头活水来；"源"的品质对事物的发展有重大影响；要不断促进事物发展，需要什么样的"源"？

第四，反向追问。这一层次，体现思辨力和思维的深度。这一部分，也需要围绕核心概念去追问，思考的方向是什么呢？比如，可以从"源泉"的起源、断流、匮乏等方面往深处挖掘。例如，从远古人类进化或古国文明起源谈起，呼吁现代人尊重或反思文明的起源。再如，从人类面临的资源匮乏问题谈起，呼吁爱护资源，警醒世人以和谐的理念审视人与自然的关系……

第五步，总结全文（略）。

总之，写作概念型作文，要先学会如何界定概念，然后紧扣核心概念展开论述。希望你通过今天这一课的学习，掌握好概念界定的方法，学会围绕核心概念展开论述的思维架构。

[例文]

说 源 泉

"问渠那得清如许？为有源头活水来。"正如朱熹所言，江河源头，对江河的涌流与事物的发展起着至关重要的作用。清澈的溪流必然有着洁净的源泉，灿烂的文化亦必有非凡的起源。

一个人的源泉必然与他的故乡密不可分，他生长的土地与这片土地上的风物文化从降生的一刻起便注定会在他的灵魂上烙下不可磨灭的印迹，成为驱动着他思考行事的源泉。作家迟子建在《寒冷的高纬度——我的梦开始的地方》中谈到位于终年寒冷的故乡漠河对自己一生的情感价值及艺术创造产生的巨大影响，她清晰地记得童年时的一草一木和富有灵性的小动物们，它们和故乡淳朴深沉的人们便是她生活与写作的源泉，是她回首往昔时瞬间盈满心头的一股暖流，是她字里行间洋溢着的诗意灵性与神话色彩。

一个地区总因本地独特的地域文化而熠熠生辉，而每一种地域文化无疑都有着共同的源头，那便是它所根植的那片乡土。你可以从沈从文的《边城》中窥见湘西文化的一角，那是翠翠在苍翠的竹林中漫步嬉戏的曼妙背影，那是老船夫日复一日地往返于清溪两岸，看似单调乏味却自有其存在意义的摆渡生活，那是一个没有人不爱自然、没有人不受尊重的原始却美好得令人落泪的社会。而这一切淳朴民风与朴素却深微的人生哲学的源泉便是那方恬淡得一如泼墨山水画般的湘西水土，也正是这水土孕育出了一代代如沈从文般"不折不从，星斗其文，亦慈亦让，赤子其人"的湘西儿女。

　　乡土决定着个人的性格与地域文化的形成，为二者的发展提供着无尽的源泉。与此同时，其他地域的风物文化也可为本地的文化与人民带来多元发展的鲜活源流，为这里的文化注入更为新鲜的生命力。正如苏轼曾言："此心安处即吾乡。"数百年前当欧洲的清教徒乘坐"五月花号"抵达美洲大陆后，为这片广袤的土地带来了纯正的英国文化，这眼清泉推动着美国本土文化的发展，并至今都在美国的语言、宗教以及许多地名上留下了显著的影响。之后的数百年中，来自世界各地的移民在迁至美国的同时都不忘带来自己民族的文化，这不断注入的新的源泉使美国本土文化迅速繁荣发展，形成了属于自己的独特多元的文化。正是这凝结了各民族智慧的源流使这个年轻的国家迅速崛起于世界舞台。

　　诚然，正如王开岭在《消逝的故乡》中所言："每个故乡都在沦陷，每个故乡都因整容而毁容。"当现代化的城市建设将原本千姿百态的一个个城镇田园变为复制粘贴后的一堆堆冰冷建筑群，这原本清澈鲜活的源泉便日渐枯竭，终将沦为一个干枯的空洞，一块腐臭的伤疤。无数失去了故乡的游子们宛如失去了源泉的溪流一般，只得艰难地在干涸的土地上爬行，苟延残喘，举步维艰。因此，源泉是需要维护的，唯有时刻保持其洁净与鲜活，方能源源不断地从中汲取动力。

　　让我们回望自己的源泉，铭记自己开始的地方，带着洁净的初心在人生的溪流中勇往直前吧！

关系型作文的审题立意方法

所谓关系型作文，就是由两个或两个以上的词语或短语并列组合而成的一种命题形式。有时候，命题者会直接而简洁地给出话题，比如"仰望星空与脚踏实地"；有时候不直接给，而是先给一段材料，然后从中提炼出一个话题，比如，"巧与拙"。

接下来，我们以"巧与拙"这个题目为例，介绍一下关系型作文审题立意的基本方法。

《庄子》里有一则寓言：子贡到南方旅行，见一老人正在浇菜园。老人挖了一条隧道通到井底，用瓦罐来回取水浇园，用力多而功效低。子贡说："有种叫桔槔的器械，一天可浇百畦，用力少而功效高。您不想用吗？"老人说："我听说，使用器械的人一定会做取巧的事，一定会有投机的心。人一旦有了投机取巧的想法，就失去了纯洁质朴的心境，就心神不安，不能保持真正的大道。我并非不知这种器械，而是感到羞耻而不用它。"

子贡看重技巧，老人安于朴拙；一巧一拙，大异其趣。这则寓言引发你怎样的联想与思考？

以"巧与拙"为话题，自选角度，自拟题目，自定立意，自选文体，写一篇不少于800字的文章。

看到这样一个作文题，请你想一想，应该如何审题立意？此处给出六个步骤。

第一步，概念界定。

巧是什么意思？有同学想到技巧、技法、机巧、工巧、投机取巧、巧言令色……拙是什么意思？比如笨拙、拙劣、愚笨、朴拙、质朴天真、返璞归真……有同学说，二者都有两面性的特点，比如"巧"不仅能表现为心灵手巧、巧舌如簧的聪慧与绝妙，也能指向投机取巧、花言巧语的功利与巧猾。

第二步，阐释表现。

回到材料，思考这两个概念分别对应着什么意思。巧，是指借用器械，用力少而功效高。拙，是指笨拙的方法，用力多而功效低。

第三步，类比联想。

由这两个概念我们能联想到什么？比如，由"巧"可以想到做事时凭借的手段，工于心计，文章技法，现代技术，现代技术条件下的生活方式，善于假借外物的人生智慧等；由拙则能想到笨拙的做事方法，原始、简单、低效的工艺，质朴纯洁的心境，简朴的生活方式，自然纯朴的人生品格，本真纯净、不加雕饰的处世之道，自然境界等。

第四步，让二者构成关系，形成观点。

比如，有的同学提出"巧于行，拙于心"，行为取巧，而心灵朴拙。这两者是并列关系，可以同时并存。再如，"尚巧，更尚拙"，不但要巧，更要拙。你看，这里二者是递进关系，在意义上更进了一层。再如，有一位同学从治学求知的角度，谈到"宁拙毋巧"，并写道："现在投机取巧、欺骗之事甚多，取巧无用，真正做事情要诚实。拙，其实是最聪明的成功方法。"

这里的"宁拙毋巧"，是是非取舍关系，也就是说否定一个、肯定一个。

另一位同学从为人处世的角度来分析"巧与拙"的关系，极有见地。这位同学认识到，应该适度地分配"巧与拙"，工于"巧"就难免像孔子所批评的"巧言令色，鲜矣仁"，做人就缺乏诚意和真意。如果"讷于表达，拙于感受"，又可能带来人际关系的障碍，所以应该兼而有之。这是"对立统一关系"，表面看来是矛盾对立的，但实质上它们彼此依存、相辅相成。

事物是复杂多变的，生活也是由千丝万缕的关系组成。关系型作文的构成要素之间，由于人们认识角度的不同，也会存在着多向而非单一的关系，所以，我们要从不同层面来解读，梳理各个要素之间可能存在的关系，这样我们的审题才能不流于表面化，避免立意肤浅。

在面对一个关系型作文题时，要学会利用政治课上所学的知识，可以适当地运用辩证法的思想精髓，如能用发展的眼光，事物间相互联系的理论，一分为二地看问题，这样可以帮助我们准确审题，使立意深刻。

第五步，追问原因。

追问原因就是对二者为什么是这样的关系进行分析，比如，去巧守拙，要分析二者"一是一非"这样一个关系的原因是什么。如果是正面立论，就侧重谈价值意义。如果是反向立论，可以侧重谈危害结果。

第六步，挖掘本质。

比如刚才提到的一个观点"宁拙毋巧"，科学工作者不能投机取巧。怎么挖掘它的本质呢？有同学想到，学术造假说明科研人员对学术没有敬畏之心，是功利之心和私欲在作怪。认识到这些其实就抓住了问题的本质。这一层次体现了思考的深刻性，也就是我们强调的议论文的思想性。

［例文］

巧拙之辨

古语有云："巧夺天工"，仿佛"巧"向来是值得赞许的美德，而"弄巧成拙"，其"拙"则是令人惋惜的恶果。然而，"巧"不仅能表现为心灵手巧、巧舌如簧的聪慧与绝妙，亦能指向投机取巧、花言巧语的功利与巧猾。"拙"则未必愚不可及，朴拙、古拙背后蕴藏着质朴纯洁的处世之道与生命样态。

真正的巧，绝非"机关算尽太聪明，反误了卿卿性命"的小聪明，而应为灵活变通、善于凭借外物辅助以实现目标的大智慧。浇菜园的老者摒弃器械坚持以人力灌溉，这种事倍功半的做法也并非普适众生的"拙"，由今日眼光观之未免过于迂腐守旧，"拙"得刻意，"拙"得过度了。

我以为，最佳处世之道应为把握好巧与拙的分寸，以"巧"作为行事的手段而非一味追求的目的，以"拙"作为处世的准则而非安于现状不思进取的借口。

　　自古以来，许多如子贡般看中技巧、善用外物之人都凭借智慧巧妙地达成了自己的目标。正如《劝学》所言："君子生非异也，善假于物也。"《三国演义》中周瑜和诸葛亮联手策划了火烧赤壁的绝妙战略，诸葛亮巧借东风，吴蜀联军以智取胜，大败曹军，成就了千年来为人们所津津乐道的战例。利用智谋巧妙行事，可谓"四两拨千斤"，以少胜多，以柔克刚。用一个支点撬动整个地球，不仅能达成看似遥不可及的目标，还有助于我们节约力量以备后需，提高效率以不断向着新的目标发起挑战。

　　在五千年历史长河中，巧者有巧者的精彩，而守拙之人亦绘出了一幅别样的生命画卷。"开荒南野际，守拙归园田"的陶潜正是这样一位守拙者。他晚年所坚守的这份拙，可谓来之不易。十三年的宦海沉浮，他经历了仕与隐的冲突、巧与拙的对抗，从彼时心怀经邦济世之志的彭泽令，到不为五斗米折腰的五柳先生。他将大巧沉淀为大拙，将满腹才华的锋芒收敛为躬耕田园的淡泊。正是这份拙令他埋下了熠熠生辉的思想火种，在后世照亮了无数文人的夜空。

　　其实，守拙不仅不"拙"，更蕴藏着常人难以企及的大智慧。子曰："宁武子，邦有道则知，邦无道则愚，其知可及也，其愚不可及也。"在国家政治清明时出仕为官，为天地立心，为生民立命，以巧妙智慧的治世之道实现古代文人的最高人生价值。在黑暗时的归隐，则彰显了"大巧归于拙"的最高境界，敛起济世之才，免于同流合污，守得个人的文人傲骨与内心清明，实乃"拙"之大道也。

关系型作文的基本逻辑结构

在生活和学习中，逻辑无处不在。学习写作议论文，我们就要对生活中的现象或问题发表观点，做出论证，运用逻辑，可以使思维更缜密，论证更严谨，语言表达更准确。什么是逻辑？《现代汉语词典》中的解释如下：①思维的规律；②客观的规律性；③逻辑学。

逻辑是个比较抽象的概念，从写作的角度说，主要指思维的规律性、事物的规律性。主要表现在：①观点的提出要有依据；②材料要能说明观点；③观点之间、材料之间要有密切的联系，层次段落的安排要符合客观事物的规律和人们的认识规律；④每一个概念判断、推理、论证都要符合思维规则，等等。

一篇规范议论文的基本逻辑结构包括三个部分：

（1）概念界定，初步论证；

（2）构建关系，逐层论证；

（3）总结提升，提出倡议。

就中间几个主体段间的关系而言，主要的逻辑关系有并列、递进、因果、转折、条件、假设、目的、对立、对比、总分……学会构建逻辑，便于我们快速结构成文。

【试题回放】

作文（50分）（2021年北京海淀二模）

根据给定材料，按要求作答。写一篇不少于700字的文章。要求：观点明确，内容充实，论证合理。将题目写在答题纸上。

生活中，许多人之所以坚持做某件事，并不是因为做了就会有效果，而是坚信这样做是正确的。

这句话引发了你怎样的联想与思考？请自定立意，自拟题目，写一篇议论文。

解题：

立意限制：审题立意，行文结构。

立意核心：坚持做——（不是）就会有效果——（而是）正确的。

立论中心：坚持做正确的，不问效果（思辨性，效果之辨）。

一、概念理解

坚持做："坚持"，坚持不懈，坚韧不拔，持之以恒，锲而不舍，坚守初心；"做"，动作，行为，行动。

思维方法：透过现象看本质。执着追求，担当意识，使命感，责任感，奉献，牺牲精神……

就会有效果：表层是指眼前的，物质的、功利的，世俗意义的成功。本质是指风气浮躁，急功近利，实用主义，利己主义，功利主义……

辨析效果：坚持做，于当时、当世无效果或效果甚微，但是，放眼于长远，历史，未来，（价值意义）赓续精神，文明延续，文化传承，薪火相传……

正确的：符合社会发展方向，大众认同的，价值理念，道德准则，精神品质；正义，真理，理想，信念，信仰……

二、构建关系

坚持——正确的因果关系。

坚持——有效果目的关系。

[例文]

求成与求是

2021 届高三（1）班　操顺慈

在生活中，许多人坚持做一件事，其目的大致可分为两类。一种是求"成事"的效果，另一种则不问成果，只因坚信这样做是正确的。我们姑且可称为"求成"与"求是"。

坚持以"求成"，是人之常情。因为成果是我们汗水和努力的证明，是我们才智和品性的肯定。它既象征个人的成长，亦是个人对社会尽绵薄之力的贡献。"求成"本无可厚非，但若仅将目光投之于"效果"，一则易在社会中激起功利化、浮躁化之暗流，二则因"效果"本身包含"终点"之意，不免让人在"求成"之后疑问陡生：达到终点，该何去何从？

于是，坚持以"求是"，即践行心中的真理、目标与信仰，便是对"求成"疑虑的最好回答。"坚信这样做是正确的"而不问结果，不患得失，正是鞭策人坚持做好一件事的不竭动力，这就是常言的"永无止境"。纪录片《一事一生，一人一窟》中赵声良挥洒青春于 61 窟中绘五台山图，苏伯民三十年如一日当"壁画医生"。试问他们可曾计较过名利、财富？可曾规划过要做出何种"成果"？一个人在浩渺的莫高窟与亘古的历史前太渺小，一生也许都做不出"成果"；他们只知道，传承莫高文化，留住国家记忆是正确且值得的，于是坚持行去，结果已"萧然不在念"。其实，"求是"之精神正是中国古代"尽人事而待天命"的生动反映。"鞠躬尽瘁，死而后已，至于成败利钝，则非臣之明所能逆睹也。"孔明斯言，恰恰指明个人之生命在浩瀚真理面前的渺小，唯有向心中之"是"不懈前行，才能在坚持中将短暂生命与永恒真理熔铸为一，跳脱得失桎梏，活出生命价值。

将目光放之于人类文明，便会发现国家的太平与文化的赓续，正是在一代代人的"求是"中生生不息。周游辙环列国的孔子曾言"知其不可而为之"，这正是一代代人如精卫填海般前仆后继时所秉之信念——我早已知结果必空，但我仍愿为真理与信仰坚持。在历史的隧道里，我们听见孟子"舍我其谁"的呐喊，听见林则徐"苟利国家生死以，岂因祸福避趋之"的呼告，听见夏明翰"砍头不要紧，只要主义真"的誓言……这是希腊神话中推石头的西西弗斯，是东方君子心中的杀身成仁。人类的历史与未来从来都是看不到边际的迷茫，不求成果，只随真理，一代代人摸索、尝试、坚持、牺牲，才换得人类群体的进步。求是，是生生，是发展，是文明。

然而我想，"求成"与"求是"是否二元对立？能否得兼？求是之"是"，若为个人之执念，会不会"致远恐泥"？这些都待我们探索思考。

愿你我以求是互勉，青春不死，少年不老！

材料型作文如何才能不偏题？

写材料作文时，偏题、跑题，是学生作文中经常出现的问题，而这样的作文难得高分。有时，学生有疑问，如果不看命题者给的材料限制，我文采好，想法也很独特，作文能得多少分？我的答案是，只能拿低分。为什么呢？

对于材料作文，中心明确，立意准确，是作文得高分的前提条件，如果连材料限制都不看，怎么能扣准中心呢？如果偏离题意，其他写作要素再出彩，都没有意义了。因此，材料作文的审题立意是至关重要的。

下面介绍一下说材料作文审题立意的基本方法。总的来说，包括三个步骤。

1. 概括材料的中心意思

用一两句话概括材料的核心事件，把材料的中心内容梳理出来。比如谁做了什么、结果如何，或者在什么地方发生了什么事，结果如何。

2. 分析材料含义，连接现实，揣摩命题意图

前面我们只是把握了材料的主要内容，但很多材料，（尤其是寓意类材料）往往在内容、文字的背后隐藏了更深的含义。这恰恰是命题者真正希望我们思考和探讨的问题。

其实，对于任何一个作文题，命题者的最终目的都是期待考生通过材料，去理解、思考现实社会或人生中的某一个问题，希望考生有自己的思想，表达自己的态度和情感。

因此，在准确把握材料内容，分析材料含义之后，必须连接现实社会、人生，仔细揣摩命题人在材料中或隐或显地表达出来的命题意图。

3. 提取中心词，由果溯因，确立写作中心

这时，我们就要在准确把握材料内容和含义的基础上，提炼出写作的中心论点。前面两个步骤，提取材料中心内容和揣摩命题意图，其实是审题的过程，那么这时我们要做的就是立意。

关于立意，要注意两方面。

一是立意要准确，必须围绕材料中的核心事件进行，最好的办法就是提取出材料内容和含义的中心词，围绕这个中心词进行立意。

二是要明确写作中心，因为在材料的内容与含义的范围之内，可以有不同角度的切入，表现不同的态度和自己对核心事件的认识与思考，那么我们就要经过思考来选择一个最佳的写作角度或者中心。

那么，这个最佳的写作角度该如何选择呢？我们要从哪些方面进行思考呢？这就需要借助"由果溯因"的方法。

什么是由果溯因？具体地说，就是由事件的结果入手，步步发问，倒追产生这个结果的根本原因。而得出的根本原因，就是写作的角度或中心。

【试题回放】

作文（50分）（2019年北京市高考题）

根据给定材料按要求作答。写一篇不少于700字的文章。将题目抄在答题卡上。

"韧性"是指物体柔软坚实、不易折断的性质。中华文明历经风雨，绵延至今，体现出"韧"的精神。回顾漫长的中国历史，每逢关键时刻，这种文明的韧性体现得尤其明显。中华民族的伟大复兴，更需要激发出这种文明的韧性。

请以"文明的韧性"为题，写一篇议论文，可以从中国的历史变迁、思想文化、语言文字、文学艺术、社会生活及中国人的品格等角度，谈谈你的思考。

要求：观点明确，论据充分，论证合理。

审题立意：

1. 概念界定——韧性

韧性："韧性"是指物体柔软坚实、不易折断的性质。其中，柔软坚实是原因，不易折断是结果。

韧，形声。从韦，刃声，韦，熟牛皮。（即韦编三绝，孔子晚年很爱读《周易》，翻来覆去地读，使穿连《周易》竹简的皮条断了好几次。后来用"韦编三绝"形容人们读书勤奋。）本义：柔软而结实，受外力作用时虽变形而不易折断。

比如，野草，蒲苇，藤条，牛皮……

疾风知劲草，蒲苇韧如丝。

概念界定——文明。

内涵：（1）人类在社会历史发展过程中所创造的物质财富和精神财富的总和，特指精神财富，如文学、艺术、教育、科学等。

（2）社会发展到较高阶段。

（3）旧时指有西方现代色彩的（风俗、习惯、事物）：文明结婚。

外延：中国的历史变迁、思想文化、语言文字、文学艺术、社会生活及中国人的品格等角度。

2. 类比联想（由实物到文明）

中华文明历经风雨，经历了压、打、摧、折等灾患，如来自外界的侵略、封锁、打压、霸权、极限施压，再如，自然灾害、瘟疫疾患等。

韧的精神，柔韧与坚实，平和与坚毅，温润与刚强，温柔与顽强，谦和沉静与积极进取，谨慎内敛与坚毅刚卓。

价值意义：绵延不断，生生不息，时间维度历史——现实——未来。

3. 构建关系

（1）中华文明与韧性（论述中心）。

因果关系；相辅相成，文明又在发展的过程中增强了"韧性"。

（2）柔与坚（次要关系）。

对立统一，相辅相成（刚柔并济），以柔蕴刚，以刚蓄柔，包容互补。

［例文］

文明的韧性

2021届高三（1）班　操顺慈

"经纬天地曰文，照临四方曰明。"中华文明是五千年历史层垒、十四亿儿女共同创造的物质与精神财富，是我们民族生生不息的生命样态。时间的长河里，我们历经自然灾害、外族入侵等风雨洗礼却仍薪火相传，其奥秘就在"韧性"二字。

何谓"韧性"？"蒲苇纫如丝"，柔软坚实，比喻文明强大的承受与恢复能力；"磐石无转移"，不易折断，比喻文明刚强不屈、坚毅不拔的精神。发源于道家的"柔"与发源于儒家的"刚"，相辅相成，对立统一，支撑中华民族穿越历史的疾风暴雨，巍然屹立。

韧性之"柔"是指中华文明面对打击挫折，选择承受苦难，继而以包容的胸怀化解苦难，正如柔嫩草茎，纵被压弯也能慢慢恢复原状。究其根本，是道家"顺其自然"的理念教会了我们顺应，既然困难当头，不如俯身顺势。历史上匈奴、突厥、吐蕃等屡犯中原，华夏族虽奋起反抗，但大多秉持"和"的精神，以谦逊的姿态与广博的胸襟，在漫长的战与和的交错中，将其融合同化形成统一的中华民族。赛珍珠说："他们懂得在大风来时躬身，却永不破碎。"——低头忍辱，包容并超脱苦难，"柔"的韧性是中华文明在冲击和打压下承续繁衍的支柱。

然而，倘若只有"柔"的俯身，则极易变质成无原则的妥协与无底线的退让，成了苟且的奴性。所幸，儒家"富贵不能淫，贫贱不能移，威武不能屈"的刚毅气节端平了韧性的天平——"刚"是坚毅不屈、奋勇反抗、众志成城的民族尊严。七十多年前，面对日本侵略者的践踏，我们组成最广泛的抗日民族统一战线，汇涓滴之力为抵御外辱的强大长城。儒家杀身成仁、舍生取义的价值观渗透在中华民族的骨髓，为了国与民，为了正义与真理，为了文明的延续，中国人没有"害怕"二字。以"韧性"肩住黑暗的闸门，放文明到光明处去。但是，一味的"刚"也易陷入"暴虎冯河"式的盲目，这时便又需要"柔"的明哲与智慧，注入一丝弹性。

不难看出，儒道合流赋予中华文明的韧性，实质是"以出世精神做入世之事"的哲学。韧性使文明生生不息,而相反文明的进化也表现为韧性的增强。昔日列强进犯,半封建半殖民地的中国只能草签割地赔款的条约;而今身处和平与动荡并存的世界,我们成为唯一实现正增长的经济体并坚持打赢脱贫攻坚战……五千年来的苦难和折磨诚然使我们遍体鳞伤,却也磨砺了我们更为坚强的刚性与更为柔韧的弹性。当今,面对百年未有之大变局,紧张的国际局势与紧迫的国内发展需求都在呼唤我们赓续韧性,让中华文明突出重围,实现伟大复兴。

正是:刚柔并济韧如丝,化成天下续辉煌。

任务驱动型作文的基本结构

这节课，我们要学习的内容是任务驱动型作文的基本结构。

任务驱动型作文基本结构有三部分，一是开头部分，二是主体部分，三是结尾部分。各部分又包含哪些要素呢？

此处以一个作文题为例，做具体分析。

命题者首先给了三条标语口号：

时间就是金钱，效率就是生命

——特区口号，深圳，1981

绿水青山也是金山银山

——时评标语，浙江，2005

走好我们这一代人的长征路

——新区标语，雄安，2017

写作要求：围绕材料内容及含义，选好角度，确定立意，明确文体，自拟题目；不要套作，不能抄袭；写一篇不少于800字的文章。

看到这个作文题，应该怎样搭建这个作文题的基本结构呢？首先，分析开头部分，这部分包括两个方面：一方面，要用简洁的语言概述试题材料；另一方面，要整体把握，选好角度，明确核心立意。

具体到这个作文题，应该怎样立意呢？它给出了三则材料，这就给了考生具体的思考线索，需要做的是，着眼于三则材料的内在联系，确定可以落笔的角度。

比如，有的考生从"桨、船和彼岸"的角度，活用三则材料的象征意义，给文章增添了一抹文学色彩，同时也使材料的内在要义情理融通。文章是这样说的，"时间"和"效率"是复兴号的"桨"，"绿水青山"的绿色发展理念是对于"复兴号"的修补和改建，"走好我们这一代人的长征路"是号召、是号角，引领"复兴号"走向蔚蓝色的美好彼岸。同样是活用材料的象征意义，有的考生就从"桨、舵和帆"的角度立意，他说"效率是桨，是前进的动力；质量是舵，是方向的保证；坚持是帆，是持之以恒的力量之源"。

再如，有的考生从"经济、生态、思想建设"的角度议论"通向复兴的阶梯"，这是逻辑思辨后的高度概括，自成体系，逻辑缜密。有的从"发展征途，代际成长"的角度，分别诠释和阐述了三则材料的相互关联，即"求速、求续、求稳"。有的从"向下扎根，向上生长"的角度，反复论证"向下扎根护生态，向上生长谋发展"。这些立意角度，均是在解读材料、整体把握的基础上，确定核心立意。

总之，就是要解读材料，整体把握，核心立意。

说完开头部分，再来分析主体部分。

主体部分要紧扣文章开头提出的观点或问题，多方位、多层面分析，就事论事，做到一以贯之，给人一种一气呵成的感觉。简单来说就是"纵深思维，透彻说理"。具体到写作内容，就体现为一到两次拓展，两到三个层次。

下面介绍两种深层推论的角度：

第一种是从层次拓展的角度来思考，比如正反对比、横向展开、逐层深入等。

第二种是从分析说理的目的来思考，比如追问原因、挖掘根源、明辨是非、直指利害等。

结合这个作文题，应该如何做出深层推论呢？

先来分析第一条标语"时间就是金钱，效率就是生命"，如果从分析说理的目的来思考，就要学会追问，如"为什么这么重视时间和效率呢？"因为在改革开放之初，百废待兴，积贫积弱的现象普遍存在，整个国家的重心都转移到经济建设上来了，"时不我待"的思想也在社会上流行起来。这是追问原因。另外，也可以抓住关键问题，就是那个时代的集体焦虑，也是那个时代的激情飞跃。这是挖掘根源。

再来分析第二条标语，还是从分析说理的目的来思考，可以直指危害。在社会发展过程中，出现了像"只有向'钱'看才能向'前'看""杀鸡取卵""竭泽而渔"这样急功近利的思想，这样就会使发展不可持续。于是，科学发展观、绿色发展理念等逐渐形成。"绿水青山就是金山银山"的呼声日渐强烈，这是深刻反思的开始，也是新的发展理念的确定，更是面向未来的长远设计。

接下来分析第三条标语，如果从层次拓展的角度来思考，可以逐层深入，揭示事物的本质。"走好我们这一代人的长征路"，不是"重走"而是"走好"，是新千年的"千年大计"。长征精神创造出了新的中国，载入了人类历史，势必在中华民族的伟大复兴大业中继续发挥重要作用。这就需要考生对长征精神的理解、对长征精神在中国现代化进程中的价值要有独到的认识。

下面再来说说结尾部分。

结尾部分需要再次回到试题材料与自己的观点，总结全文，升华主旨；或者寻找对策（措施、办法）、倡议劝勉、呼吁号召。

如果结尾照应自己的观点，可以再次强调"向下扎根，向上生长"的必要性，升华主旨；如果是呼吁号召，可以倡导人们走好这一代人的长"征路"，等等。

为了更充分地理解任务驱动型作文的基本结构，下面再以一篇考场优秀作文为例分析一下。

还是这个作文题目，我们来看看这位作者是怎样写的。

开头部分，作者用文学性语言，描述改革开放四十年的历史进程，一代代人民创造的辉煌，再用比喻性语言，提出观点——念古道，开新篇。

在主体部分，作者从整体的历史时段来进行解读和诠释，紧扣命题者给的三条标语口号，分别从三个角度，也就是"回望改革伊始""反思改革过程""着眼改革当下"，对深圳特区口号、浙江时评标题和雄安新区标语进行相关分析，或谈价值意义，或追问原因，或明辨是非，或挖掘根源。总之，作者从多个层次展开分析论述，凸显和呼应标题"念古道，开新篇"的含义。

比如，在文章第三段，作者从人与自然关系的视角来分析绿色发展理念的价值意义，正反对比，所谈及的破坏生态文明的危害，令人深思。考生所谈的"追求人与自然的和谐，是发展理性的体现，也是对古人天人合一思想的继承，更是对下一代的庄严承诺"则是对绿色发展理念本质的挖掘。这体现出考生思维的力度和思考的深度。

在结尾部分，再明观点，总结全文，进一步谈三则标语口号之间的内在关系，凸显了文章的核心立意。

总结一下，任务驱动型作文的基本结构是：明确核心立意、深层推论并总结升华。

[例文]

念古道，开新篇

海运奔涌，寰宇无际，岁月之笔描画一代代人民的汗水，时代之碑铭刻一次次大国的辉煌，大江已东去入海，未来的浪潮还不尽滚滚涌来。开新篇，是我们纪念新时代节点的最好方式。

回望改革伊始，中国人以时间为金钱，以效率为生命。改革政策使中国如摆脱桎梏的飞鸟，心向苍穹似解除锁链的舞者，风姿绰约。我们已耽误了太多时间，浪费了太多财力，所以每一秒的流逝都牵连着每一次脉搏的震颤，每一分效率的提升都是对每一滴汗水的告慰。正是如此热情与专注，才让包产到户的小岗村走向"三天一层楼"的深圳，才让亿万农民工乘绿皮火车进城的场景变为科研人员对未知的探索挺进，这份时间效率观让中国腾飞。

反思改革过程，中国人坚悟到绿水青山也是金山银山的科学发展观，经济狂飙，其代价将是绿意褪青山，清冽去池水。不计代价地开发资源、排放污染，终将为看似华丽的发展乐章画上休止符。中国人意识到，发展很重要，生态更重要，于是塞罕坝上的沙漠砾渣有松林升起，黄土高原的斑驳黄色有翠绿加入。追求人与自然的和谐，是发展理性的体现，也是对古人天人合一思想的继承，更是对下一代的庄严承诺。这样的科学发展观让中国走得更稳。

着眼改革当下，中国人鉴定走好我们这一代人的长征路的信念。习总书记曾道："幸福是奋斗出来的。"为更放心的食品质量，为更宜人的气候环境，为更优质的教育资源；或是更尖端的核心技术，更合理的资源分配，更硬气的军事力量，个人的幸福与国家的幸福在时代新篇中有着深层共振。青年一代要出"长征"般的坚毅，迎向每一个挑战，激发每一点灵光，点亮未知的黑暗，让千百份灵感，亿万份汗水，充满新时代的长征，让每个人的开放改革之心形成大国开放改革之心，让每个人的期望梦想成为大国的期望梦想，中国才能迎来一个又一个新时代。

念古道茫茫初心未忘，开新篇章章壮志犹坚。以时间效率为评判标准，以科学生态发展为安全保障，再以长征般的信念为根本动力，中国人将挂长帆济沧海。

（选自《语文学习》2018.08）

议论文分论段的写作逻辑

今天，我们学习的重点是：议论文分论段的写作逻辑。

我们知道，议论文写作的目的就是要让读者接受自己的观点，要做到这点，文章一定要有符合人们思维习惯的逻辑顺序，要有合理的论证结构。就一篇议论文来说，合理的论证结构包括两个方面，一是全篇的论证结构要合理，二是段落内部的论证结构要合理。今天指导的重点是怎样写分论段。

为了便于理解，先举一个典型的例子。作文题目是"学会做人：我看老实和聪明"。文章开头就提出了明确的观点：

规矩做人才能获得内心的平静。

接着，作者对这个观点做了阐释，他写道：诚信待人的人都能够做到规矩做人，不能失信于人本身就是他们的一种自我约束，一个不容逾越的道德规范。外则待人以诚，内则敬畏规范，做人做事无愧于心，内心自然平静安宁。

再接下来，作者以道德模范吴兰玉为例，写她如何做诚实守信的人，而诚信是一个老实人做人的根本。这样的文字称之为材料句，它起到支撑观点的作用，也就是写作议论文时，我们强调的"摆事实"。文章写道：

诚实守信道德模范吴兰玉，因为给丈夫和儿子治病而欠下五万元外债。在父子俩相继去世后，这个年过六旬、无依无靠的瘦弱老人用漫长的九年时间，靠拾荒还清了债务。虽然有许多债务当时并没打欠条，虽然有些人当面撕掉欠条明确表示不用再还，但她还是坚定地踏上了拾荒还债之路。

介绍完事实之后，要对材料进一步分析，也就是我们说的"讲道理"。下面的分析，既写到吴兰玉借债还钱合乎人间正道，又写到她这样做的价值意义。文章是这样写的：

因为她知道，欠债就要还钱，这是天经地义的事；因为她知道只有还清债务，她才能彻底直起腰来，才能换来余生的释然与坦然。

最后，紧扣论点，归纳总结，进一步强调做老实人的价值意义。作者说：

要老实做人，做老实人，本来就是一个人立身于世的内在要求，唯有如此，才能光明磊落、淡泊宁静。

由这个例子，我们对分论段论证结构应该有了一个初步的认识，这个结构不难掌握，也好套用，但是具体的思路如何展开就没那么容易了。

这也造成了在平时的议论文写作中常常出现这样的问题：过多化用或引用名言警句或诗句，或者过多地堆砌、过细地叙述事例，不能分析引文事例与论点的内在关联，不能论证观点。我们知道，分析是联系论据和论点的桥梁，是逻辑推理的关键。只有通过理性分析，揭示出论据与论点之间的内在关联，才能使文章产生令人信服的逻辑力量。

那么，该怎样安排每个分论段呢？一个段落是一篇文章的有机组成部分，其规模虽小，字数虽少，却基本具备一篇文章的结构。因此，分论段也包括引论、本论、结论三个部分。

那么，对于一个段落来说，引论、本论、结论又该怎么写呢？总结一下：

引论，就是概括地提出本段的分论点，然后对分论点进行阐释。这样就确定了全段涉及的论证范围。

本论，就是围绕分论点，结合材料进行分析，也就是要出现材料句和分析句。

结论，就是在分析论证的基础上引出一个合乎逻辑的结论，重申分论点，要注意避免用词的雷同。这部分可以是一个总结句。

也就是说，一个分论段落就可以包括观点句、阐释句、材料句、分析句、总结句五类句子。基本结构掌握了，还需要活学活用，这样的段落结构能够有效地避免材料堆砌，避免空洞议论的无论证写作倾向，显得更为灵活自然。

接下来，以一篇高考优秀作文的几个段落为例，分析如下：

作文题是2018年北京高考题"新时代新青年——谈在祖国发展中成长"。我把例文放在文稿中，请结合例文看分析。

我们来分析文章第2段的层次：

第一句，"成长为新时代新青年，我以为首要便是懂得在喧嚣中选择坚守"是观点句。

第二、第三和第四句是材料句、阐释句。列举事实，对比今天这个时代与前人生活状态的不同，阐释新时代可以给新青年带来什么。

第五句，"我以为其核心正在于对传统文化的坚守"再次明确了观点。

第六句是分析句，采用直接评说法，谈传统文化的价值意义。

第七句在分析的基础上得出结论。

我们再来分析一下第3段：

第一句是观点句，说"更应在坚守中懂得创新，在科技领域开拓出崭新的疆土"。

第二、第三和第四句是材料句，列举了量子科学团队、深圳5G技术的研发主力、飞机研发团队等几个青年科研团队的例子。

第五句，"锐意创新，敢为人先"归纳阐释新青年身上所表现出来的共同特点。

第六句，分析总结，得出结论。反思自我，进一步谈新青年的责任担当，写道"我们也定将接过接力棒，以创新驱动发展，以科技立国兴国"。

总结概括，议论文分论段论证结构，它包括引论、本论、结论三个部分。一个分论段落包括观点句、阐释句、材料句、分析句、总结句五类句子。先掌握好基本结构，再灵活变通，巧妙使用。

[例文]

新时代新青年
——谈在祖国发展中成长

2018 届高三（1）班　高　蓉

"白日不到处，青春恰自来。苔花如米小，也学牡丹开。"十八年过去了，祖国在迅猛地发展，而我们这群千禧年出生的世纪宝宝也如一朵朵苔花在各地盛开，即使微不足道，也在努力绽放出自己似牡丹般的光芒。

成长为新时代中的新青年，我以为首要便是懂得在喧嚣中选择坚守。如今的我们不像古人背负着封建世袭的枷锁，更不如前人生来要驰骋战场，救国救民。前所未有的自由带来的也许是群体发展的多元，又也许是一代人的茫然、焦虑。令人眼花缭乱的选择激发的可能是个人的无限潜能，也可能是内心的躁动、贪婪。如何使新青年们免于周国平先生所言的"精神危机"，我以为其核心正在于对传统文化的坚守。墨家所言的"非攻""兼爱"使我们跳脱出自我中心的牢笼，道家的"道法自然，天人合一"令我们免于在快节奏中失去理智，从而拥有高远的格局，儒家五常"仁义礼智信"成为道德标尺，成为立人立国之本。时代越喧嚣，青年们的内心定力要越强，我们更要坚守传承先人流传的文化遗产。

然而，坚守不代表守旧，因封闭而落后挨打的亏我们已经吃了太多。如今的时代可谓"新故相推，日生不滞"，我们更应在坚守中懂得创新，在科技领域开拓出崭新的疆土。在合肥，平均年龄仅有35岁的量子科学团队接连实现了量子通信计算领域的重大突破，使中国站在全球前沿；在深圳，5G技术的研发主力是一群朝气蓬勃的青年；在西安，平均年龄30岁出头的飞机研发团队被国际同行誉为最年轻的大脑。锐意创新，敢为人先，这是我们这代青年的特点。相信在未来，我们也定将接过接力棒，以创新驱动发展，以科技立国兴国。

无论在创新之路上行至何处，我们应当将民族重任担与双肩，不负民族使命。如今的中国，贫富差距仍是个不可忽视的问题。当我们在北京享受着优等教育，数千万的农村家庭一年仅能吃上三次肉。"中国农村是一片蓝海，该有人到这里来，为农民创富。"秦玥飞便秉承着这般信念，放弃了优越的生活，选择来到农村做一名村干部。他和当地人同吃同住，时常穿着解放鞋，身体力行地解决村里的问题。祖国发展繁荣自然是好，可我们更要懂得发现现存的不足，从而各出所学，各尽所知，携手共进，行稳致远。

我们都在自己的一言一行、一分一秒中结实地拥抱了自己的时代，完成了对时代的认领。新的时代决定了我们新青年的模样，我相信祖国发展的繁荣昌盛是我们永远的基础与底气，更是我们不变的目标与动力。在喧嚣中选择坚守，在坚守时不忘创新，在创新中不忘民族使命，青年当如此塑造着自己的时代。

今日我辈以祖国为荣，希望明日祖国以我辈为傲！

拓展论证思路——因果分析法

议论文成功与否,主要取决于论证思路能否顺利展开。这也是同学们最发愁的,面对一个题目,能想到的就那么几句话,总觉得没得写,或者写不透。

所以,本节我们学习的重点是:巧用因果分析法拓展论证思路。

简单来说,用因果分析法拓展思路,就是在论证某个论点时,在它前面加上个"为什么",也就是说,先多追问几个"为什么",把论点作为结论,追溯这个结论产生的原因、条件,然后找到它的根本原因,这些原因、条件就是你的分论点。一般来说,原因都是多方面的,那么得到的分论点也不止一个,这时候就需要再对这些分论点进行取舍,使它们之间形成严密的逻辑关系,这样论证思路便打开了。

要想让论点站住脚,就要寻找可能的依据和充分理由,并加以恰当表达,这是论证的关键,也是当前同学们写议论文的弱项。

那么,如何用因果分析法快速打开思路呢?

此处介绍两种简便易学的方法:

第一种,追根溯源,也就是从揭示现象成因,到追溯问题的社会环境、文化内涵和历史渊源,从而展开论证。当我们看到一个有确定观点或结论的作文题后,就可以采用这种方法来展开思路。

为便于理解,下面结合一个具体例子进行逐步分析。

有这样一个作文题,命题者先给了一段导语,"《白鹿原上奏响一支老腔》记述老腔的演出每每'感人肺腑'，令人有一种'酣畅淋漓'的感觉，某种意义上，可以说'老腔'已超越其艺术形式本身，成为一种象征。"然后提出了写作要求：请以"'老腔'何以令人震撼"为题，写一篇议论文。从老腔的魅力说开去，不要局限于散文的内容，观点明确，证据充分，论证合理。

首先简单地分析一下题目。题目中的"老腔令人震撼"是结论、是事实，突出了老腔的艺术魅力，"何以"一词，就是在问为什么，这就是要求考生分析问题的原因。逻辑思维的过程是先确定结论，再去寻找原因，比较适合采用追根溯源的方法。

下面以一篇高考满分作文为例，看看作者是如何运用今天我们所学的第一种方法来拓展论证思路的。

文章第二段提出了"老腔令人震撼"的三个原因：

"老腔令人震撼，在于它散发着自然的原始野性，蕴藉着关中的文化气韵，传承着华夏的历史血脉与民族性格。"这一组排比句，集中回答了老腔令人震撼的原因，每个分句内部成分搭配妥帖，从自然野性到关中文化，再到历史血脉与民族性格，三句之间在事理上也是层层递进。

在接下来的三段中，作者分别对应这三个观点句，从老腔外在的艺术形式，谈到关中特有的文化内涵，再拓展深化到中华民族深沉的历史观，紧扣中心观点"何以令人震撼"展开论证分析，层次清晰，论证严谨。

单就第三段而言，作者从老腔外在的艺术形式，谈到"在城市里营汲于生计、点头哈腰不能自由的我"，却缺少了"自然和自由的野性的一面"，这则是老腔令人震撼的社会环境，或者是客观原因。

到这里，我们做个小结：这篇例文，作者从老腔令人震撼的原因，也就是从老腔外在的艺术形式入手，进而从三个维度，也就是社会环境、文化内涵和历史渊源去追溯"震撼"产生的根源。

那么，我们学习到的因果分析法又具有怎样的论证效果呢？

一是观点凝练地传达出作者深刻的思想认识；二是很好地表现了逻辑严谨、说理透彻的文体驾驭能力。这两点正是议论文得高分的两个关键要素——思想性和逻辑性。

但是，需要注意三个问题：

一是支撑结论的理由要准确；二是理由之间的内在逻辑关系要严密；三是阐释分析要合理丰富。这三点做到了，论证的有效性也就实现了。

接下来介绍第二种方法：探究原因。

探究原因就是分析事件产生的原因，由表及里地展开论证。具体来说，就是从外在原因到内在原因，从深层原因到背景原因展开论证。

当我们面对一个没有提出明确观点和结论的题目，就可以采用这种方法。比如，围绕某突发事件，让你表明态度、阐述看法时，我们就可以从外在原因到内在原因，从深层原因到背景原因展开论证。

通常，事件都是多方面原因造成的，因此我们分析原因时，就要厘清思路，比如常见的直接、间接原因，主要、次要原因，外部、内部原因，历史、现实原因，等等。

在写作中，要尽量全面辩证地分析事件产生的多重原因，这样论证才能充分、有说服力。

需要注意的是：几个分论点之间应该是递进关系，不能有交集，不能重叠，这样，你在探究原因时才能由浅入深，论述、说理才不会在同一层面展开，文章的论证层次才能清晰，说理的逻辑才能严密。

本节的内容总结如下：

第一，当面对一个确定的结论，需要分析原因时，可以用追根溯源的方法，也就是从揭示现象成因，到追溯"问题"的社会环境、文化内涵和历史渊源，从而展开论证。第二，当面对一个没有确定结论的事件，需要表明态度时，可以用探究原因的方法，也就是从外在原因到内在原因，从深层原因到背景原因展开论证。

[例文]

"老腔"何以令人震撼

夜深了，远望关中大地的群山，没有树木和斑驳的色彩，好像一幅木刻画，唯有深墨与浅墨，刀痕历历。没有人影，只有天光与地脉，相接处仿佛万古荒原上横亘了宇宙轮回的一星"鬼火"。

"老腔"便是那鬼火，你几乎想象不出它为何而来，如何而来，它就霸道地熏呛了你的五官。"老腔"令人震撼，在于它散发着自然的原始野性，蕴藉着关中的文化气韵，传承着华夏的历史血脉与民族性格。

初听"老腔"，人们震撼于那木砖砸凳的独特形式，粗犷得近乎野蛮，如山岳般压来，不由分说。"老腔"以其自然的原真性激发了每一个自然之子的隐藏属性，就像自然无所谓善恶，艺术无所谓善恶。老腔所展现的，是千年基因难以磨灭的无所谓善恶的兽性，听到它，我们不由得反思内心，那个在城市里营汲于生计、点头哈腰不能自由的我，是真的我吗？就像老腔一样，我们是否有追求自然和自由的野性的一面呢？如果说梭罗和陶渊明是以个体之身、平和方式回归自然，那么老腔就像一颗爆裂弹，瞬间引爆我们内心压抑十多年的郁结和珍藏十余年的赤子之心。

然而，形式终究是外在的，每个人都可学会老腔砸凳子的形式，可并不是每个人都能物我两忘地融入其中，深感其震撼。正如钱穆先生所言："文明是外在的，可以向外传播的，而文化是内在积累而成的。"老腔之所以能尤为强烈地激发关中子弟的震撼，其重要原因便在于其特有的文化内涵。当你看到演员们随意地走动，常见的家什和熟悉的穿着时，一个关中人已热泪盈眶；当听到那雄浑沉郁的关中腔调与关中发音时，他已泪流满面；当演员用一块木砖敲击那板凳时，他已不由站起身欢呼！悲欢交集，那种异乡遇故音的复杂情感，那紧闭着蜷缩着的一颗乡心，在这文化的代码前，化为深情的凝视与谛听，化为敞开胸怀奔涌欲出的震撼。

老腔之所以能进一步超越乡心，震撼每个华夏儿女，我想是源于一种深沉的民族历史观。作为农耕民族，历史的种子一直埋藏于我们心间，只是在城市的喧嚣中沉睡了。老腔，这来自中国最贫瘠的土壤，最多灾多难的地方的最沉重也最嘹亮的呼喊，叩响我们的心弦。我们不由得将自己投入其中，从春秋和秦汉中走来的遥远的祖先们，千年前便是在这样的呼喊中走下去。于是，老腔以其最真挚浓烈的情感，唤回了我们几要丢失的生命成色——农业的、土地的成色。在久久的震撼中，我们的人生得以丰富完整，我们将自己投入大历史观的川流中，觅得内心的声音。

老腔出现前，我们从不知自己有何缺失。只有当它霸道地跳到面前，填补我们自然本性、文化人格和历史意识的空白时，我们才明白内心的空虚与破碎。我们震撼于此前内心的黯淡与荒芜，并在这拯救心魄的天降之火中，久久皈依。

拓展论证思路——类比论证法

本节介绍一种展开论证思路的方法：类比论证法。

什么是类比论证？

先来举一个大家熟知的例子：在《邹忌讽齐王纳谏》中，作者把邹忌受到不切实际的赞美即受蒙蔽的这一性质类推到了齐王身上，生动地证明了"王之蔽甚矣"这一论点。

由此可见，类比论证是一种通过已知事物（或事例）与跟它有某些相同特点的事物（或事例）进行比较类推，从而证明论点的论证方法。

其中，"相同特点"是这种论证方法能够成立的前提，没有它就无法进行类推；"比较类推"是这种论证方法的根本标志，没有这个推理过程就达不到证明论点的目的；"已知事物"是这种论证方法的一个重要条件，没有这个条件就不能使类推的道理明显化，不容易为读者接受，在某些情况下也不能达到证明论点的目的。

这种论证方法通过客体与主体相同特点的比较，把客体的性质类推到主体上，由此揭示出主客体具有同样的性质，从而达到证明论点的目的。

我们做一下小结：类比论证有三个主要步骤。

第一步，找到两个或两类事物之间的相似点，确定类比点，这是形成类比联想的关键一步。

第二步，由类比点展开联想，也就是说要展开相似联想，进行"比较类推"。

第三步，由"比较类推"形成认识，得出结论。既然写的是议论文，当然要提出自己的认识，得出一个结论。

下面以一个作文题为例，简要分析类比论证的思维过程。

有这样一个作文题，先给了一段导语：孔子曰"绘事后素"，意思是先有白色的底子，才能在上面绘画。油画创作中，第一层着色被称为底色，底色会影响整幅画的色调。其实，一个人具有或选择怎样的底色，与他的人生发展密切相关。然后提出了写作要求：请以"谈底色"为题，写一篇议论文。观点明确，论证合理。

这个作文题，就非常适合用类比论证的方法展开思路。对它的分析如下：

第一步，确定类比点。首先要知道底色的特点。由导语可知，底色是油画创作中的第一层着色，会影响整幅画的色调。就油画来说，第一层着色，可以是灰、黑、白，也可以选择赤、橙、黄、绿、青、蓝、紫，底色的选择影响着整幅画的色调。由此，再进一步挖掘隐含的信息，油画的底色具有哪些特点？纯粹、素朴、纯净，不为外物所染。

这就是思维的触发点、类比点。

到这里，我们完成了第一步，也是至关重要的一步，它是展开推论的基础。这一步也是一个人新思想的"萌发"过程。这个触发点不是随意的，导语中所给出的或明或显的信息很重要，它是找到触发点的依据。触发点确定以后，它会勾起意识深处的相似积淀，联想和想象才能展开，否则思维是被格式化般的空白。

第二步，由类比点展开联想，进行比较类推。"底色"又能类比到哪些事物？这就很多了，其具有前提性、基础性，对未来发展影响较大的很多事物都可以成为类比的对象。导语中其实给了你一个现成的对象，它说"一个人具有或选择怎样的底色，与他的人生发展密切相关"。人的底色是什么呢？从大的方面来说，人性的、道德的和价值观的诸多方面都是一个人的底色，如仁爱、情义、责任、良知、廉耻、忧国忧民的情怀，再推而广之，一个国家的底色可以是传统文化、民族性格（平和包容，含蓄内敛）。比如，有的同学把人生比作一张画作，而一个人的成就、事业就是缤纷的图案和颜色，其骨子里的精神、品性与道德就是人的底色。

这时，我们完成了第二步，由油画的底色类比推理到了一个人，甚至是一个国家的底色。

第三步，要形成认识，得出结论。前面我们由绘画的底色，类推的人生的底色，比如说仁爱、良知等是一个人安身立命的底色，接下来，还需要进一步分析，仁爱等底色对于人生的价值意义都有哪些？也就是形成自己的认识，进而得出结论。无论是对绘画还是人生来说，底色都很重要。这就是得出的结论。

这是对由"是什么"到"为什么"的合理阐释。也就是说，要使相似思维实现认识转移，即转移到自己想要实现的目的或者问题中。这句话比较抽象，我们还是拿"底色"这个作文题来说明，就是由绘画的底色，比较类推到人或国家的底色是什么，进而谈底色对于一个人或国家的价值意义是什么，换一种说法就是：文章的主体部分，要重点围绕底色的价值意义来展开论说。

这一课的难点，是类比论证的思维过程，要掌握好层层推进的三个具体步骤：

第一步，找到两个步骤或两类事物之间的相似点，确定好类比点，这是形成类比联想的关键。

第二步，由类比点展开联想，也就是说要展开相似联想，进行"比较类推"。

第三步，由"比较类推"形成认识，得出结论。

［例文］

谈 底 色

对于画家来说，一张画纸的底色至关重要。颜料如何附着，最终呈现出怎样的视觉效果，都与底色息息相关。

如果将人的一生比作一张画作的话，成就、事业就是那缤纷的图案和颜色。隐藏在色彩之下的底色，就是蕴含在骨子里的精神、品格与道德。就像一张完美的画需要洁白的底色来承托，一个完整之人也必须由内而外都纯洁、美好。

子夏问孔子："'巧笑倩兮，美目盼兮，素以为绚兮'，何如？"孔子答:"绘事后素。"子夏问:"礼后乎?"孔子赞赏道:"起予者商也,始可与言诗已矣。"正因为"素以为绚",才能呈现出"巧笑倩兮,美目盼兮"的效果;而一个人先修正自己的德行,再从礼仪上完善自己,才能成为君子。从孔子与子夏的对话中,可以看出仁德之于君子是最基本的东西,而后礼节、学识再加以修饰。

对于一个人来说,我认为底色即道德。在道德的基础上,学识等外在之物才能发挥出有利于社会发展的效用;如果一个人道德败坏却有着很好的外在条件,无异于向肮脏污秽的纸上泼洒最为鲜艳的颜料,再精妙的笔法也掩盖不了由内而外散发出的颓唐、腐败之色,整幅画作无疑是一部失败的作品。

然而,与作画不同的是,画作一经落笔底色便无法修改,可人的道德却是可以改变、完善的。《天龙八部》中的鸠摩智前半生作恶不断,但经过段誉等人点醒后,终于参悟佛法、改邪归正,成为一代德高望重的高僧。类似的例子数不胜数,只要选择了纯净的底色,人生总能绽放出美好的色彩。但如果面对自己有缺陷的品德却一意孤行、不知悔改,终将走到穷途末路,被社会所唾弃。

愿我们都能拥有干净的底色,泼洒出最绚丽多彩的人生。

论证层次推进——归纳推理法

　　归纳推理，其实就是我们熟知的"归纳法"，是指由个别的事物或现象推出该类事物或现象的普遍性规律。它的前提是一些关于个别事物或现象的判断，而结论是普遍性判断。

　　为了便于理解，下面以一个作文题为例来介绍运用"归纳法"来推论说理的方法。

　　题目的导语是：

　　"谭木匠"是全国知名的木梳品牌，它的创始人谭传华创业时把产品易虫蛀、易折损等缺点刻写在木梳上，消费者却因此看到了梳子天然绿色的优点，"谭木匠"品牌成功走向市场。谭传华秉承"我善治木"的企业理念，多年来，他不做股票、不炒地皮，坚持做"好公司"而不是大公司。目前，"谭木匠"专卖店已有2 000多家，遍布世界各大城市。

　　作文要求：

　　根据以上材料，自定角度，自拟题目，自选文体（诗歌除外），写一篇不少于800字的议论文。

　　有一位同学，从"诚信经商、质朴为人，让谭木匠走向了成功"这个角度来写。他的思维过程大致是这样的：

　　先列举3个事实论据：

　　诚信让谭木匠品牌走向成功。

　　诚信让格力电器走向成功。

诚信让三元牛奶屹立不倒。

然后得出结论：

诚信经商能让企业走向成功。

我们可以看到，这位同学的思路是把"谭木匠"的材料当作一个事实论据，把它成功的原因——"诚信经商"，当作普遍的道理甚至是真理，然后以这个为标尺去搜寻类似的事例，逐个印证。文章的重点不在道理的阐释上，而在事例的罗列上，也就是举的例子一定要典型，一定要具有说服力。

所以，整篇文章展现出来的思维特点就是：由特殊到一般，由个性到共性。

现在我们大体了解了归纳推理的含义和它的特点，下面就归纳推理的主要步骤并总结。

一般来讲，归纳推理主要分为三步：

一是列举事例；

二是归纳共同点；

三是得出结论。

我们来看一个例子，就是鲁迅先生的《中国人失掉自信力了吗》。这篇文章的第五、第六两段就是运用归纳推理的范例：

我们从古以来，就有埋头苦干的人，有拼命硬干的人，有为民请命的人，有舍身求法的人……（事实论据1）

这一类的人们，就是现在也何尝少呢？他们在前仆后继的战斗……（事实论据2）

他们有确信，不自欺……（归纳共同点）

说中国人失掉了自信力，用以指一部分人则可，倘若加于全体，那简直是诬蔑。（得出结论）

由这个推论过程，我们可以看出，作者的推论步骤包括三个部分：

第一步，作者用了一连串的排比，列举了自古以来的中国人以不同的样态"战斗着"，他们是"中国的脊梁"。这是第一个事实论据。现在，这一类的人们何尝少呢？这是第二个事实论据。作者列举了从古至今的中国人，范围广、时间跨度大，这样就增强了论证的可靠性、必然性。

第二步，归纳自古以来这些中国人的共同点，就是"他们有确信，不自欺……"。

第三步，得出结论。正是因为自古以来，有这一类"埋头苦干的""拼命硬干的""前仆后继"战斗着的中国人在，所以，"说中国人失掉了自信力，用以指一部分人则可，倘若加于全体，那简直是诬蔑"。

需要注意两个问题：

平时写议论文，可能会经常用到归纳推理这一方式，但是很多时候，不少学生的文章推理不够严谨、缜密。那么，在归纳推理时，我们又要特别注意哪些方面呢？

第一，运用这种方法，要求用作论据的个别事物是真实的、典型的，而不是虚假的或片段的、随便挑出来的。它们要属于同一类，和结论（或论点）存在着个别和一般的关系。

第二，要求善于运用科学的方法抓住它们的本质特点，从它们中间概括出一般性的规律来。

下面，再以一篇作文中的两个主体段为例，介绍如何归纳推理。这位考生的作文题目是《大国工匠彰显时代风采》。

文章的第2段先概括了老王的风采，也就是老王代表的大国工匠的共同点，那就是"甘于平凡，并在平凡中实现自我"。接下来，这位考生拿日本的"寿司之神"来类比佐证"大国工匠"这一类人的共同特点，最后归纳得出结论。

这一段的逻辑结构是：总—分—总。

推理步骤是：第一，找出其中的共同点，也就是甘于平凡，并在平凡中实现自我；第二，列举事例——老王坚守平凡的焊接岗位，小野二郎做寿司七十年；第三，归纳本质特点或者得出结论——他们一生只做一件事，把一件事做好，殊不知把一切平凡的事做好即不平凡，把一切简单的事做好即不简单。

这种形式的归纳推理是上面我们讲过的归纳推理方法的一个小小的变式，就是先指出共同点，都具有"大国工匠"的风采，然后再列举事例。这样的论证结构由一般到个别再到一般，层次分明，仍然具有较强的说服力。

我们再看第3段。作者简单列举了米开朗琪罗、曹雪芹等人的艺术追求，然后归纳出这类人有一个共同的特点，也就是和老王一样，有"精益求精，而臻于至善的艺术追求"。最后，得出结论："以思考为底，以创新为核才可成就大国工匠。"

上面这两个主体段，都充分地展现了归纳推理的三个步骤。

对于这个方法，要重点掌握由个别到一般、由个性到共性的推论方法，灵活运用。

[例文]

大国工匠彰显时代风采

2018届高三（1）班　高　溶

风采，即具有美好的行为风范。大李于学术研究领域矢志创新，跻身国际前沿；小刘在大千世界中跋山涉水，记录人间美景；老王在焊接领域点石成金，成就大国工匠。三人的优秀行为谱写了各自人生的凯歌，而我以为老王更能以其匠心彰显时代风采。

老王之风采，在于其甘于平凡，并在平凡中实现自我。当大李享有国际声誉，小刘得到万人点赞，老王依旧坚守于平凡的焊接岗位。但与众人只是迫于生计，将工作视为谋生的手段不同，这更是一种自我实现的方式。他于工作有一种全身心的投入和深入灵魂的热爱，方可练就一手绝活。这让我不禁想起日本的寿司之神，小野二郎做寿司七十年，如今九十高龄仍在寿司旅程中攀登。他们一生只做一件事，把一件事做好，殊不知把一切平凡的事做好即不平凡，把一切简单的事做好即不简单。老王正因其爱岗敬业，熟能生巧，点石成金。

老王之风采，更在于其不囿于平凡，切磋琢磨，开拓创新。对待工作他以精益求精的态度践行着古时中国工匠"守破离"的准则。跟着师傅修业谓之"守"，在传承中加入自己想法谓之"破"，开创自己新境界谓之"离"。老王之匠心便是其精益求精，而臻于至善的追求，变普通技术为完美艺术。而如今，能守者颇多，能离者甚少。米开朗琪罗四年雕大卫造就艺术经典，曹雪芹反抗封建传统十载作《红楼梦》。以思考为底，以创新为核才可成就大国工匠。

如今，窗外灯红酒绿，车水马龙。一项项非物质文化遗产，传统的工艺技术逐渐走向消亡。反观日本，自二十世纪设立了"人间国宝"的认定制度，政府不定期地选拔认定人间国宝，将大师级的艺人工匠由国家保护起来，并投入雄厚资金以防手艺流失。颁奖给老王的时代意义正在于此。让有匠者赢得尊重，让匠心得到传扬。

让中国制造业重获世界掌声的呼声愈发高涨，想要摆脱过去的刻板印象，首要的便是弘扬以老王为代表的工匠精神，脚踏实地，一丝不苟，一心一意做手艺。只有静下心来做一件事，做精一件事，才能做出一流的产品，才不怕产品卖不出去。以匠人匠心为基础，从中国制造走向中国创造。有了匠人情怀，我们方可将自己曾经满怀壮志许下的誓言在时代潮流中一一实现。

老王之风采，正是中国匠人之风采；颁奖给老王，正是彰显时代之所需。让匠心有名，实至名归；让匠心得利，利在国家。

论证层次推进——演绎推理法

演绎推理听起来不太好理解，但意思其实很简单，就是从一般性的前提出发，通过演绎、推导，得出具体结论的过程。换句话说，就是先有一个普遍的法则，然后再去推测这一类事物里的任何一个个体，进而得出结论。

为了便于理解，举一个例子，就是历史上有名的古希腊哲学家亚里士多德的"三段论"：

所有的人都是会死的。

苏格拉底是人。

所以，苏格拉底是会死的。

这个例子是典型的"三段论"模式，由大前提、小前提、结论三个部分组成。大前提"所有人都是会死的"是一种客观存在，所以大前提是真的。小前提"苏格拉底是人"包含在大前提中。这两个前提都是真的，所以由前面两个前提推理出来的结论"苏格拉底会死"自然也是真的。

这就是演绎推理的过程。从范围上看，由演绎得出的结论的范围要小于前提，也就是结论包含在前提当中。从有效性上看，演绎推理只要符合逻辑推理与规则，就必然是合理的。换一种说法，只要前提是真的，那么结论就一定是真的、必然的，也就可以说，演绎论证是有效的。

推理的前提多是一般性的，而得出的结论是个别的。所以，演绎推理的特点是：由一般到特殊，由共性到个性。

通过前面的讲解，大家大体了解了演绎推理的内涵和基本结构。

下面介绍一篇考场作文应该如何运用演绎法来展开思路、推论说理。

题目的导语是："砥砺"，原意为"磨刀石"，后用作动词，有磨砺、锻炼之意。《山海经》上说："西南三百六十里，曰崦嵫之山……苕水出焉，而西流注于海，其中多砥砺。"郭璞注："砥砺，磨石也。精为砥，粗为砺。"《白杨礼赞》中有"坦荡如砥"一词，《劝学》中有"金就砺则利"之说……自然的演进、个人的成长、国家的发展、社会的进步都离不开砥砺。

写作的要求是：以"说砥砺"为题，写一篇议论文。观点明确，论据充分，论证合理。

我重点分析两个主体段，先来看第2段，推论结构是这样的：

首先是大前提：面对生活环境的卑微，唯有砥砺，才能使平凡的生命发出荣光。

其次是小前提：孙少平出身农村，经受了常人难以接受的考验、锻炼。比如，啃着"非洲馒头"，在外做小工，背石板……

最后得出结论：面对困难，他选择像教徒般虔诚的信仰，但又正是这种锻炼，才让他在牺牲了血与肉的痛苦后品尝到了甜蜜的生活。

再来看第3段，承接第2段，论证范围由生活环境的小圈子，也就是孙少平生活的农村，推广到社会大环境。这样的推论过程就增加了说理的可信度，或者说使说理具有了普遍意义。

那么，在这一段中，作者的思维架构是怎样的呢？

首先有大前提：面对社会环境的严酷，唯有砥砺，才能守住民族的根基。

其次小前提：陈寅恪先生在那个严酷的环境中恪守着一个民族的史学传统。他面对的不仅是失明的惨况，更是周围所有人强烈的打击。

最后得出结论：正是这砥砺磨出了他的韧性与气节，使其坚守住了在历史背后中国传统文人的砥砺民族之魂。

下面我们进行小结。这两个主体段，它们的基本结构都是三段论，就是大前提、小前提、结论。作者通过分析，印证了"大前提"的正确性，因为它指向题目核心。

需要注意的是,"小前提"也是需要证明的,因为题目中并没有明确证据显示它的合理性,所以我们要自圆其说,首先要证明小前提也是成立的。比如孙少平怎么就经受了常人难以接受的考验?作者列举了很多事例来证明这一点:啃着"非洲馒头",在外做小工,背石板,等等。

我要特别强调的是,在议论文写作中,想要说理更准确,大、小前提在某种程度上也是需要证明的。因为它们自身也是一种主张,凡是主张都需要证明它的合理性。

同时,对大、小前提的再次追问,也会使你对问题的思考更加深入。

以上这句话是什么意思?我再以第 2 段为例来解释一下。

文章做了这样的分析证明:"然而正是这些常人难以接受的考验,才让他对生活有了新的认识。'不要逃避苦难,只有理解苦难,苦难才会给人一种崇高感。'生活的磨砺虽然没有使他摆脱物质上的贫乏,却让他收获到了精神上的富足。"这就是对大小前提的再次强调,这样一来,认识就更深入了,论证也更严谨、更充分了。

演绎推理与归纳推理一样,都是议论文常用的方法,经常在一起使用。演绎是从一般到个别、从普遍到特殊的过程,也就是先全局,然后再到个体。归纳则是先对个别的具体事物进行观察与分析,然后得出普遍的一般的规律。可以形象地理解为,它们的思维方向是相反的。

演绎和归纳,正如分析和综合一样,是相互联系、相互补充的。通常,在写作议论文的时候,要综合运用两种推理方式。当然,有时可能会有所侧重,这就要根据论证表法需要来确定了。

[例文]

说 砥 砺

2018 届高三(1)班 高 溶

蚕蛹破茧方可成蝶,珍珠经历沙砾的打磨才能焕发光彩……如自然界中的生物经过无数磨砺锻炼才能彰显其遒劲的生命一般,我以为人世同样也遵循这个道理——经过砥砺的人方能成大器,做灵人。

面对生活环境的卑微,唯有砥砺,才能使平凡的生命发出荣光。《平凡的世界》中孙小平不安于农民对土地的依赖而向往着去繁华的外面的世界，追寻自己生命的意义，他啃着"非洲馒头"，在外做小工，背石板，即使进入矿场，也在做着高强度的体力活。他在破旧的被褥里借着微弱的灯光阅读。然而正是这些常人难以接受的考验，才让他对生活有了新的认识。"不要逃避苦难，只有理解苦难，苦难才会给人一种崇高感"，生活的磨砺虽然没有使他摆脱物质上的贫乏，却让他收获到了精神上的富足。面对困难他选择像教徒般虔诚的信仰，但又正是这种锻炼，才让他在牺牲了血与肉的痛苦后品尝到了甜蜜的生活。

如果说因外界环境带来的砥砺已足以震撼人心，那么自我修剪，自己选择的砥砺则值得敬佩传颂。以改造国民灵魂为己任的萧红在阵守民族战营和追求女性自我中毅然决然选择了后者。如果说前者是众之所望，只要稍微顺从角色便留名历史，但她选择的是对自我的探索与挑战。从萧军到端木蕻良，她一次次被生活的利刃磨平坚硬的棱角，以笑容迎接生活的黑暗，在追爱的路上绽放出文学洛神的坚毅之花。

无论是外界的压迫，还是内在的选择，砥砺这一磨刀石，磨平的是锋利的棱角，是未经世事的懵懂，是无人争锋的傲气，是对生活不切实际的幻想，但留下的却是湿润而不失力量的锋芒，是看庭前花开花落的淡泊从容，更是一种傲骨与气节。而砥砺的背后则是对这个世界的热爱。因为热爱，在被挫折磨砺时也在用一己之力绽放更炫目的光彩改变着这个世界。

"金就砺则利，木受绳则直"，希望我们都可以保有对这个世界的热爱，绷紧全部的神经与肌肉迎接一次次砥砺，正如小鸡从蛋壳中出世一样，从外敲碎是毁灭，而从内挣脱才是生命。

参考文献

[1] 朱光潜. 朱光潜美学文集 [M]. 上海：上海文艺出版社，1982.

[2] [苏] 苏霍姆林斯基. 给教师的建议 [M]. 杜殿坤，编译. 北京：教育科学出版社，1980.

[3] 周国平. 朝圣的心路 [M]. 桂林：广西师范大学出版社，2001.

[4] [德] 尼采. 尼采全集 [M]. 北京：商务印书馆，2020.

[5] 陈廷湘. 中国文化 [M]. 重庆：重庆大学出版社，2001.

[6] 鲁迅. 鲁迅全集 [M]. 北京：中国文联出版社，2013.

[7] 沙莲香. 社会学家的沉思——中国社会文化心理 [M]. 北京：中国社会出版社，1998.

[8] 张汝伦. 大学思想读本 [M]. 桂林：广西师范大学出版社，2004.